봄이 붙고
마음이 답하다-

초판 1쇄 발행 2025년 8월 25일

지은이 서은희

펴낸이 강기원
펴낸곳 도서출판 이비컴

디자인 최은경
마케팅 박선왜
일러스트 칠보다

주 소 서울시 동대문구 고산자로 34길 70, 431호
전 화 02)2254-0658 팩 스 02-2254-0634
메 일 bookbee@naver.com
출판등록 2002년 4월 2일 제6-0596호
ISBN 978-89-6245-240-2 (13320)

ⓒ 서은희, 2025

책 값은 뒤표지에 있습니다.
파본이나 잘못 인쇄된 책은 구입하신 서점에서 교환해드립니다.

몸이 묻고
마음이 답하다-

서은희

이비락樂

차 례

들어가는 말_ 몸이 묻고 마음이 답하다 … 9

1장 어쩌다 헬스

1. 운동은 어떻게 시작하면 좋을까? … 15
   《힘든 하루였으니까 이완연습》
2. 스스로 튼튼해지는 방법 … 21
   《느려도 좋아, 한 걸음이면 충분해》
3. 기본은 쉬워서가 아니라 배워야 해서다 … 26
   《움직임의 힘》
4. 몸이란 겉으로 보이는 마음이다 … 31
   《부자의 몸》
5. 마음은 보이지 않는 몸이다 … 36
   《옥시토신 이야기》
6. 돈 내고 땀 내기 … 41
   《오늘부터 나를 돌보기로 했습니다》
7. 기록이 근육을 만든다 … 45
   《기록의 쓸모》
8. 정신력보다 체력 … 50
   《운동의 참맛》
9. 힘은 쓸수록 생긴다 … 54
   《마흔 체력이 능력》
10. 몸과 대화하는 시간 … 58
    《비폭력대화》

2장 헬스보다 PT

1. 방향이 먼저다 … 65
   《몸이 먼저다》
2. PT가 별건가 … 71
   《아무튼 피트니스》
3. 어쩌면 적은 투자 … 77
   《어차피 운동하라고 해도 안 할 너에게》
4. 불금은 헬스장에서 … 82
   《여자는 체력》
5. 근육 만드는 방법 … 90
   《여성전용헬스장 진달래짐1》
6. 다이어트보다 근력 운동 … 98
   《다이어트보다 근력 운동》
7. 결심을 버릴 수 있는 시간 … 106
   《걷는 사람 하정우》
8. 한계에서 1개 더 … 112
   《헬스의 정석》
9. 운동 루틴을 인생 루틴으로 … 117
   《삶은 몸 안에 있다》
10. 돈 쓰는 곳에 내가 있다 … 125
    《마녀체력》

3장 몸을 공부하다

1. 몸 공부하기 가장 좋은 방법은? ⋯ 133
   《석가의 해부학노트》
2. 몸공부 최고봉은 바디프로필 ⋯ 142
   《바디프로필 실전 경험 노하우》
3. 자격증도 과정이 목표일 수 있다 ⋯ 151
   《근육이 튼튼한 여자가 되고 싶어》
4. 인스타는 턱걸이 기록용 ⋯ 158
   《몸의 일기》
5. 몸을 공부하는 소설가 ⋯ 164
   《달리기를 말할 때 내가 하고 싶은 이야기》
6. 어쩌면 바른 자세가 전부다 ⋯ 172
   《자세가 잘못 됐습니다》
7. 그럼에도 먹는게 90% ⋯ 179
   《닭가슴살 요리 60》
8. 내 몸을 외주주지 말자 ⋯ 186
   《근육이 연금보다 강하다》
9. 스위트 스팟을 발견하다 ⋯ 196
   《탤런트 코드》
10. 최종 지향점은 방위 체력 ⋯ 202
    《서른다섯, 내 몸부터 챙깁시다》

4장 몸이 먼저다

1. 아무것도 할 수 없을 땐 걷기 … 211
   《걷기의 말들》
2. 엄마의 요가 … 219
   《요가 매트만큼의 세계》
3. 아빠의 테니스 … 225
   《느리게 나이드는 습관》
4. 쳐다만 보던 남편이 드디어 … 230
   《생활체육과 시》
5. 고수의 운동법 … 236
   《고수의 몸 이야기》
6. 마음 대신 몸 쓰기 … 241
   《마인드짐》
7. 바쁠수록 몸이 먼저다 … 248
   《계속 가 봅시다 남는게 체력인데》
8. 잘 쉬는 것도 능력 … 255
   《요즘 언니들의 갱년기》
9. 어떻게 나이들지 결정하자 … 262
   《요가 다녀왔습니다》
10. 몸을 쏠수록 나는 내가 된다 … 268
    《쓸수록 나는 내가 된다》

나가는 말_ 체력이 딸리면 마음이 딸린다 … 274

부록

트레이너 인터뷰 … 278

"이제야 물어본다.
PT 5년 차 회원의 지극히 개인적인 질문 10가지"

참고도서 … 290

《일러두기》

· 광배근 → 넓은등근, 둔근 → 볼기근, 쇄골 → 빗장뼈 등의 근육 이름은 편의상 관용적으로 사용하는 표기를 따랐습니다.

들어가는 말

5년 전 나는 시들어 있었다.

우리 인생은 각자 수만번 흔들리며 피는 꽃이라지만, 그 당시 난 활짝 펴보기도 전에 흐늘흐늘 말라가고 있었다. 그래서 주변을 한참 두리번거리고 있었다. 왜 그런 날이 있지 않은가. 전화할 곳도 만나야 할 이도 없지만 가야 할 곳이 있는 것 같은 어느 날. 그래서 헬스장을 갔고 근력 운동을 시작했다. 이 책은 오롯이 내가 흔들리고 방황하고 쓰러지려 할 때마다 붙들고 일어나 다시 우뚝 서게 된 이야기다.

20년 차 직장인이 어떻게 일상에 운동을 들여놓고 함께 할 수 있었는지 5년간의 에피소드를 담은 일종의 보고서다. 5년 동안 운동하며 달라진 것은 몸뿐만이 아니라 마음이었다. 결국 삶이었다.

길은 걸어가면 뒤에 생기는 법

건강한 몸과 마음으로 누군가의 길이 되겠다 생각해 본 적은 없었다. 내코가 석자인 마당에 누군가의 본이 된다는 건 언감생심이었다. 난 운동 전문가도 아니요, 심리 전문가는 더더욱 아니다. 근력 운동을 하다 궁금한 마음에 생활스포츠지도사 자격증을 취득하게 되었고 대학원에서 심리학을 공부하기도 했지만 그건 어디까지나 내 삶을 위한 것이었을 뿐 타인을 위해 나누고자 하는 의도는 전혀 없었다. 단순한 나만의 '놀이 과정'이었다.

하지만 난 내 인생의 전문가다. 내 삶은 누구보다 내가 잘 알고 있고, 앞으로도 더 잘 알고 싶다. 그렇기 때문에 스스로 책임지고 살아내려 노력하는 내 인생에서 내가 전문가인 건 확실하다. 인생을 살아가다 만난 인연 중 책으로 쓰고 싶을 만큼 인상 깊은 순간이 있을까? 있다면 한 평생 몇 개나 될까? 헬스장에서 만난 근력 운동은 내 인생에서 인연이라는 생각이 들었다. 5년 전 그 당시 근력 운동을 만나지 못했더라면 난 지금쯤 어떻게 되었을까? 생각만 해도 끔찍하다. 아차 싶다.

이렇게까지 내 인생을 역전시켜 준 놀라운 경험을 나누

지 않는다는 것은 직무유기라는 생각마저 들었다. 그래서 결국 포기하지 않고 이렇게 책으로 엮어내는 과정을 끝까지 잘 이어올 수 있었다. 무슨 일에나 품을 들이는 성향이다 보니 배우고 느낀 바를 글로 써 봐야 나만의 의미를 찾을 수 있기 때문이기도 하다.

헬스는 몸 공부를 스스로 하게 만들었고, 평생 못 만날 것 같았던 등근육도 만나게 해 주었다. 키가 작고 허벅지가 굵다고 생각한 내 몸을 바라보는 시각에서도 해방되었다. 머리는 맑아지고 아이디어가 샘솟아서 책도 쓰고 본캐인 직장인 외에 부캐도 몇 개 생겼다. 몸이 건강해진 건 물론이고 마음도 건강해졌다.

몸에게 물었는데 마음이 답을 해 주었다.

어쩌다 헬스를 만나 5년째 헬스장을 못 떠나고 있냐고 묻는 친구들, 하루는 누구에게나 똑같은 24시간인데 어떻게 출퇴근하며 책도 읽고 운동도 하냐고 묻는 가까운 지인들을 생각하며 이 글들을 정리했다. 그들이 몸도 마음도 건강해지길 바라는 마음으로 이 책을 세상에 내보낸다.

2025. 7월
서은희

**"몸에 집중하는 동안
마음이 쉴 수 있어요."**

_『힘든 하루였으니까, 이완 연습』 중에서

1. 운동은 어떻게 시작하면 좋을까?

나는 원래 자기관리에 젬병이었다.

그런데 요즘엔 어쩌다 자기관리를 잘하는 사람이란 말을 듣곤 한다. 불과 얼마 전까지 내가 무심코 해오던 행동들이 남들이 볼 때는 자기 관리로 보인다는 것을 알았다. 나에겐 이제 10년은 족히 넘은 습관들이다. 몇 가지 예를 들어보면 이렇다.

아침은 뭐라도 꼭 먹는다. 주로 고구마와 따뜻한 차를 마신다. 견과류는 매일 먹는다. 견과류가 없으면 아몬드 12~15개를 먹는다. 엘리베이터는 타지 않는다. 주로 계단을 이용하고 운동하고 나서 뭔가 아쉬울 땐 아파트 15층까지 걸어 올라 집에 간다. 저녁은 최대한 간단하게 먹는다. 7시 이후엔 될 수 있으면 물 외엔 아무것도 먹지 않는다. 일주일에 2

번 이상 운동하고 주말엔 가끔 등산을 한다. 보고 싶은 드라마를 볼 때는 TV 앞에 서서 본다. 요가 자세 중 나무 자세를 하거나 지압 매트를 밟으며 본다. 그래서인지 비교적 건강한 편이다. 당뇨나 고지혈증은 당연히 없고 소화가 안 되거나 불편감 같은 것도 없다. 비타민C와 루테인 외에는 특별히 먹는 약도 없다.

40대로 접어들면서 뭔가 달라지기 시작했다.

요가를 10년 넘게 했지만, 몸이 튼튼해지고 있다는 느낌은 받지 못하던 시점이었다. 퇴근 후 찌뿌둥한 몸을 매일 스트레칭으로 늘려 이완시키고 있었지만 무언가 아쉬웠다. 그러던 어느 날 사무실 바닥에 떨어진 연필을 줍다 허리를 삐끗했다. 그냥 연필을 주우려 허리를 숙였는데 무언가 잘못되었다는 느낌이 들었다. 그날로 허리를 제대로 굽힐 수가 없었다. 허리를 굽혔다가 펼 수 없으니 세면대에서 세수하기가 힘들었다. 출퇴근을 위해 아침저녁 하루 2번을 씻어야 하는데 단순한 이 행동이 불편해지다니, 세수가 이렇게 중요한 행위라는 걸 새삼 깨달았다.

정형외과에 갔더니 사진을 찍어보자고 했다.

허리를 크게 다친 건 아니지만 근육이 놀란 것 같단다. 물리치료와 견인 치료를 병행했다. 한 달 넘게 치료가 이어졌다. 병원에서 하자는 대로 충실히 치료했지만 언제 나을지 막막했다. 건강한 모습으로 돌아가기까지 시간이 한참 걸리겠구나 하는 절망감만 들었다. 병원에서 권유하는 대로 5만 원짜리 근육주사도 몇 번 맞았지만 효과는 그다지 없었다. 주사 맞은 당일은 좀 좋아지는가 싶더니 다음 날 세수하려고 하면 역시나 허리가 마음만큼 숙여지지 않았다.

한의원으로 옮겨봐야겠다는 생각이 들었다. 예전부터 한의원 냄새를 좋아하기도 했고 침 맞는 것도 무서워하지 않았기 때문이었다. 신랑 지인이 추천하는 동네 한의원으로 옮겨 치료를 이어갔다. 침을 맞고 물리치료도 병행했다. 역시 병원보다는 한방 치료가 무언가 나에게 안정감을 더 주었다. 하지만 치료가 끝나도 몸이 튼튼해진다는 느낌을 받기는 어려웠다. 환자에서 환자가 아닌 사람으로 바뀌었을 뿐 건강한 사람이 되기 위해서는 무슨 다른 방법을 찾아야 했다.

PT가 대체 뭐야?

허리 다치기 몇 달 전, 직장 선배 언니를 만났다. 나와 키도 비슷하고 체형도 비슷해서 주변에는 우리 둘을 헷갈려 하는 사람도 종종 있었다. 다리는 짧고 허벅지는 굵고 허리는 일자 통허리 스타일이다. 옷도 여성스러운 옷보다는 보이시한 스타일이 어울린다. 그래서 여자 후배들에게 인기가 많은 선배인데 어느날 그 선배가 호리호리한 몸을 하고 나타난 것이다. 몰라보게 몸이 달라져 있었다. 아니 어떻게 된 거냐고 이유를 물어보니 PT를 받는다고 했다. PT가 대체 뭐냐고 물어보니, 1대 1로 운동을 알려주는 개인 트레이닝이라고 했다.

나도 처음엔 미쳤구나 싶었다.

이어서 선배 언니가 들려준 이야기다.
"나도 처음엔 미쳤구나 싶었지. 1시간에 8만 원짜리 트레이닝이라니 연예인들이나 하는 과외구나 싶었어. 이 방법 저 방법을 써도 도저히 혼자 운동은 안 되겠다 싶어서 10회 맛보기만 해 볼 생각으로 시작한 거야. 근데 이게 장난 아냐. 운동 효과가 나 혼자 할 때와는 완전히 다르더라고. 몸의 변화가 내 눈으로 보이니까 그만둘 수가 있어야 말이지. 너한테나 내가 편하게 이야기하지. 어디 가서 1시간에 8만 원짜리 개인 PT 받는다고 말도 못 하겠어. 근데 너도 한번 해 봐. 경험해 본 사람만이 이 느낌을 알 수 있어."

PT라고? 그게 그렇게 대단한 거였어? 그러고도 한참을 선배 언니가 해 준 이야기는 잊고 일상에 파묻혀 지냈다. 정형외과와 한의원에서 할 수 있는 웬만한 치료는 다 해봤을 무렵, 그제야 선배 언니가 해 준 이야기가 떠올랐다. 맞다. 개인 트레이닝이라는게 있다고 했었지.

힘든 하루였으니까, 이완 연습
박유미 저 / 조재희 그림 | 휴머니스트 | 2023

'파김치 직장인을 위한 43가지 처방전'이라는 부제를 가지고 있는 이 책은 작고 귀여워서 자꾸만 잡고 싶어지는 책이다. 색연필 일러스트도 함께 있어 넘겨보는 재미도 쏠쏠하다. 작고 귀여운 이 책이 눈에 들어왔던 이유는 전혀 다른 곳에 있다. 바로 '예술 심리상담가'라고 소개한 작가의 자기소개 때문이다. 움직임으로 마음을 치유하는 '동작치유사'라고도 했다.

고여 있지 않고 늘 깨어 있고 싶어서 마인드플로우라는 회사 이름을 지었다고 한다. 마음(Mind)에 흐름(Flow)이라는 정체성과 움직임(Flow)이라는 역동성을 더해 만든 이름이라는데 이름 하나에도 이렇게 고유한 정체성을 부여했다니 서문부터 막 빠져들었다. 나이 들수록 빛날 수 있는 일을 하고 싶었다니, 이건 너무 멋진 생각이다 싶다.

책 속 필사하고 싶은 한 문장

제3자를 바라보듯 내 몸을 관찰하며 이완하면 마음도 이완된다.

2. 스스로 튼튼해지는 방법

스스로 튼튼해질 수 있는 방법이 있을까?

한동안 동네 헬스장 간판만 쳐다보며 다녔다. 분명 어디선가 본 단어였는데 어디서 봤더라 싶었다. 집 근처 PT라고 쓰여 있는 헬스장을 우선 가 보기로 했다. 전화로 예약하고 퇴근 후에 방문했다. 나를 맞아 준 트레이너는 뭔가 신뢰감이 느껴졌고 30분 체험 수업을 해보니 10번은 해 봐야겠다는 마음이 생겼다. 30회나 50회를 권하지 않고 10회를 해 보고 결정해도 늦지 않다는 말 덕분에 시작의 벽이 낮게 느껴졌다. 무언가를 한번 시작하면 꾸준히 하는 편이지만, 한번 시작하면 제대로 해야 된다는 생각에 새로운 출발이 조금 무겁게 느껴질 때도 있는데, 우선 새로운 종목을 위한 문턱은 잘 넘었구나 싶었다. 단순한 문턱 넘기를 한 그날이, 헬스에 푹 빠지게 된 출발선이 될지는 전혀 몰랐지만 말이다.

3개월도 안 지났는데 몸이 몰라보게 달라졌다.

아픈 허리가 나았을 뿐 아니라 몸무게가 줄었다. 내 몸에 존재하는지도 몰랐던 근육도 보이기 시작했다. 몸무게는 막상 몇 킬로 안 줄었는데 몸이 탄탄해졌다. 흐물거리던 살들이 어느 정도 정리되니 몸 사이즈가 달라졌다. 특히 허리사이즈가 많이 줄었다. 언제 허리가 아픈 사람이었나 싶을 정도로 몸은 건강한 몸으로 바뀌기 시작했다.

새벽 시간을 활용해보겠노라며 출근 전 PT를 받았다. 새벽 운동을 마치고 출근하는 기분은 온 세상을 다 가진 것만 같았다. 남들이 자고 있는 시간에 운동을 하고 출근한다고 생각하니 자신감이 샘솟았다. 진정한 자신감이란 이런 느낌이겠구나 싶었다. 아픈 허리를 치료하기 위해 시작했는데 무언가 내 인생에서 없어서는 안 될 운동을 찾은 기분이었다.

요가와 다르게 느껴진 이유

20대부터 요가를 해 왔지만 이런 느낌을 받아보기는 처음이었다. 왜 다른 느낌이 들었던 걸까? 요가는 퇴근 후 남는 시간에 운동하는 느낌으로 가다 말다를 반복했다. 퇴근 후 시간이 남으면 가고, 일이 많으면 야근을 하느라 못 갔다. 일대일로 선생님이 나를 지켜보는 수업이 아니다 보니 적당히 자세를 취하면 그걸로 끝이었다. 13년 동안 터득한 요가 자세는 단체수업에서 고수로 보여지기 일쑤였고, 요가 선생님은 초보분들을 잡아주느라 나에게까지 손길이 미치지는 못했다.

건강해지고 싶은 욕망

처음 해보는 근력 운동은 단순한 운동을 넘어 내 몸을 배우는 과외 시간이었다. 되는 대로 하는 것이 아니라 배우고 이해하면서 하니 운동이 재미있었다. 개인 트레이닝 비용이 싸게 느껴질 정도였다. 이 비용으로 내 몸이 이렇게 변하다니 동네방네 소문내고 싶을 정도였다. 그동안 내가 내 몸에 대해 너무 몰랐던 것이 후회되었다. 나의 운동 목적은 살 빼기가 아니었다. 남들이 다 하는 미용 다이어트도 아니었다. 건강해지고 싶다는 욕망이었다.

지금은 운동 자체가 좋다. 물론 퇴근하고 운동화로 갈아신을 때까지 과정은 여전히 버겁지만 말이다. 나는 상상한다. 새벽 운동을 마치고 집으로 돌아가는 길의 그 상쾌함을... 그날의 기분을 잊을 수 없어서 여전히 오늘도 퇴근 후에는 헬스장으로 향한다. 스스로 튼튼해지는 방법은 다름 아닌 '퇴근 후에 운동화로 갈아신기'였는지도 모른다.

느려도 좋아, 한 걸음이면 충분해
서아름 저 | 비타북스 | 2024

표지 속 멋진 여성은 백만 유튜버 빅씨스다. 운동에 특별히 관심이 없는 사람이라도 유튜브 속 그녀의 운동 영상을 한 번이라도 보지 못한 사람은 왠지 없을 것 같다. 요즘엔 헬스장 TV 화면에서도 종종 보인다. 그녀가 책을 출간했다는 소식에 곧바로 주문해서 읽어보았다.

책 한 권을 읽는다는 것은 글쓴이를 깊이 만날 수 있는 시간이기 때문이다. 그녀가 어떻게 뉴욕으로 건너가 20대를 보내고 40대에 운동 유튜버가 되었는지 궁금한 사람이라면 재밌게 읽을 것 같다. 그녀의 글 속에 나의 모습도 대입시켜 보면서 말이다.

책 속 필사하고 싶은 한 문장

그저 내가 딛는 한 걸음을 바르게 내딛고 거기에 정성을 다하면 내 작은 발걸음이 올바른 목적지로 인도할 거라고 믿으며 살아갑니다.

3. 기본은 쉬워서가 아니라 배워야 해서다

요가에서 헬스로

요가에서 헬스로 넘어온 지 5년이 되어간다. 이렇게 말하고 보니 무슨 전문 요가인에서 헬스인으로 넘어온 것 같지만 난 어디까지나 취미 운동인이다. 직장인이 하는 취미 운동이니 설렁설렁 대충하면 되는 거 아냐? 그렇게 생각하고 시작했다간 난 얼마 못 가 금방 흥미를 잃었을 것이다. 재미라는 단계까지 도달하지 못했을 가능성이 높다. 재미는 몰입의 상태에서만 얻을 수 있는 기쁨이라고 『몰입의 즐거움』의 저자 미하이 칙센트미하이가 말했다.

그렇다면 난 대체 어떻게 퇴근 후 운동을 하며 생활체육인처럼 살게 된 걸까?

운동이 일상 속으로 들어올 수 있었던 출발점을 잠시 생각해 본다. 5년 전 헬스장에 처음 입성하던 때로 거슬러 올라가 보자. 동네 국민체육센터 같은 곳 말고 사설 헬스장에 발을 디디기는 처음이었다. 헬스장을 한 번도 가 본 적이 없는 나에게 헬스장 하면 이런 장면들이 떠오른다. 땀 냄새가 흥건한 공간. 웃통을 벗고 기구를 만지는 아저씨들. 무언가 괴성의 소리를 지르는 몸 큰 남자들이 우람한 가슴골을 자랑하는 곳. 뭐 대충 내가 아는 풍경들은 이 정도였다.

그래서였을까? 근력 운동이란 대체 무엇인지, 헬스장 기구들을 이용하면 여자 몸에 어떤 효과가 있는지 알고 싶었지만, 선뜻 발길이 닿지 않았다. 마음이 내키지 않았다고 표현하는 게 더 맞을지도 모르겠다. 5년 전 나 홀로 헬스장을 찾기로 맘을 먹었을 때도 꽤 용기가 필요했다. 한동안 동네에 내가 다닐만한 헬스장이 있는지 눈으로 확인만 하며 다녔다. 그러다 가급적 집에서 걸어갈 수 있는 헬스장을 방문해 보기로 했다. 전화로 예약하고 방문 약속을 잡았다.

전담 트레이너가 생기다

그 첫 발걸음이 5년째 이어질 수 있도록 만들어준 계기는 PT 수업이었다. 1대1 트레이닝을 받아보기로 하고 전담 트레이너 선생님이 생겼다. 만약 내가 혼자 운동하기 위해 3개월 혹은 12개월 헬스장 이용권을 끊었다면 절대 지금까지 헬스장을 못 다녔을 것 같다. 지금쯤 난 어떻게 되어 있을까? 아마 몇 달 왔다갔다 하다 말았을 가능성이 크다. 그러면서 그랬을테지. '헬스는 나랑 안 맞아.' '근력 운동은 역시 남자들의 운동이야.' '헬스 기구는 무겁기만 해.' 하면서 말이다.

30분 맛보기 수업

30분 PT 체험 수업에서 처음 만난 트레이너 쌤은 내 몸 상태를 먼저 관찰했다. 그러고는 몇 가지 동작을 해 보라고 했다. 하체를 두발로 고정하고 허리를 숙여 상체만 천천히 바닥을 향해 내려가기. 요가 매트 위에 누워 무릎을 세우고 한쪽 발을 반대편 발 무릎에 올려놓기. 누워서 한쪽 어깨를 쭉 펴서 바닥을 쓸듯이 천천히 돌려주기. 선 자세에서 무릎을 굽히고 살짝 앉아 두 손을 앞으로 나란히 해 주기. 간단해 보이는 동작이었지만 몸은 이리 뒤뚱 저리 뒤뚱 휘청거렸다.

트레이너 쌤은 내가 움직이는 모습들을 유심히 지켜보더

니 추가로 몇 가지 동작을 더 시켰다. 두 손을 합장하고 한발 무릎만 굽히며 앉는 자세를 취하기. 두 손을 Y자로 쭈욱 들고 엉덩이를 뒤로 빼며 앉기. 그러고는 내 몸에 대한 진단을 내렸다.

"그동안 요가를 오래 하셔서 유연성은 좋지만 근력이 부족해 몸의 안정성이 떨어지시네요. 허리가 아팠던 것도 복근을 잡아주는 주변 근육 활성도가 낮아지면서 나타나는 증상일 확률이 높아요. 저와 천천히 몇 가지 동작을 해 보면서 몸이 활성화될 수 있도록 만들어보시죠."

역시 전문가는 다르구나 싶었다. 그동안 내가 내 몸에 대해서 너무 몰랐구나 하는 생각도 들었다. 기본 동작도 전문가에게 배우면 차원이 달랐다.

'먼 길을 가려면 생각이 많은 머리보다 느리지만 우직한 몸이 필요하다'고 한다. 인생이라는 긴 여정에서 머리보다 몸이 더 중요하다는 생각에 확신을 갖게 되었다. 기본은 쉬워서가 아니라 배워야 해서 기본이었다.

움직임의 힘
켈리 맥고니걸 저 | 안드로메디안 | 2020

책 제목이 '운동'의 힘이 아니라 '움직임'의 힘이다. 어떤 부분을 설명하기 위해 움직임이라고 표현한 걸까? 켈리 맥고니걸 작가는 '건강심리학자'이다.

단순하게 보면 운동과 움직임은 비슷한 단어 같지만, 운동하는 사람이 행복한 이유에 대해 연구를 하다 보니 결국 운동 이상의 움직임이라는 결론을 얻었다고 한다. 움직임의 핵심은 질병 예방이 아니라 우리가 인생을 살아가는 방식이라는 것이다.

지금 내가 하는 운동이 단순한 운동 이상의 가치가 있다는 것과 삶 속 움직임이 왜 중요한지 그 이유를 다시금 발견하게 해 준 책이다.

책 속 필사하고 싶은 한 문장

행복은 건강한 상태가 아니라 움직임과 밀접하게 연결되어 있다.

4. 몸이란 겉으로 보이는 마음이다

몸 가는데 마음 가고 마음 가는데 몸 간다.

어느 한 사람의 마음 상태를 보면 몸 상태를 알 수 있고, 그 사람의 몸 상태를 보면 마음 상태를 알 수 있다. 얼마 전 함께 근무했던 직장동료는 '아이고~ 아이고~'라는 말을 입에 달고 살았다. 출근은 9시 되기 1분 전에 겨우 나타났고 근무시간 중에는 몸을 거의 움직이지 않았다. 일은 자리에 앉아 말로만 하는 것 같았다. 쉬는 날엔 하루 종일 침대에 누워서 넷플릭스와 유튜브를 본다고 했다. 이유는 덥고 귀찮아서라고 했다. 말로는 몸을 챙긴다고 했지만 나는 믿지 않았다. 체형을 보면 평소 어떻게 지내는지 보이기 때문이다. 몸을 두고 아무리 입으로 이야기해 봤자 소용없다. 몸은 겉으로 보이는 마음이다.

나도 그렇게 보내던 시절이 있었다. 20대 후반 직장을 가졌다는 것에 인생 목표를 다 달성했다고 생각했다. 30대 후반까지 그렇게 살았으니 나도 10년은 그렇게 별생각 없이 반복하는 삶을 살았다. 평일엔 출퇴근만 하고 나면 그날 할 일을 다 마쳤다고 생각했고, 주말엔 보상이라도 하듯 24시간 침대에 누워 일어나지 않았다. 지금처럼 내 몸에 민감해지기 전까지 내 몸 상태가 어디가 어떻게 불편한지 알려고조차 하지 않았다. 모르니 둔감했다. 둔감하니 몸도 마음도 굼떴다. 몸은 굼뜨고 생각만 많았다.

건강한 사람은 총명하다.

센서가 항상 켜져 있는 듯한 사람이 있다. 뭔가 신호가 오면 즉각 알아채고 방법을 찾는다. 생각만 하지 않고 생각이 깊어지기 전에 몸을 움직인다. 총명함이 센서로 발휘되는 순간이다. 자신의 총명함이 흐리멍덩해지도록 놔두지 않는다. 무언가 조치할 사항을 금방 찾아낸다. 다른 사람을 탓하지도 않는다. 자신이 할 수 있는 방법 안에서 찾아 해결한다. 먹는 걸 조심하고, 좋아하는 취미를 시작하고, 필요한 운동을 찾아본다. 찾아보는 것만으로 끝내지 않고 신청해서 현장까지 가 본다. 일일 체험으로 자신이 좋아하는지 테스트해

본다.

몸이 건강하지 않은 사람은 마음도 건강하지 않다. 의지가 생기기까지 시간이 한참 걸린다. 시간이 한참 지나도 행동으로 옮기기 쉽지 않다. 결국 실행으로 옮기지 못하고 말로만 계획한다. 말로만 한 계획은 실행까지 가보지도 못하고 한낱 바람처럼 사라져 버린다.

부자의 비밀은 몸에 있다.

인생은 시간을 어떻게 쓰는가에 달려 있다고 한다. 소위 시간을 자신만의 방법으로 어떻게 최적화하냐는 것이다. 우리는 보통 머리 쓰는 일은 당연하다고 생각하지만, 몸 쓰는 일에는 꽤 의지가 필요하다고 생각한다. 『부자의 몸』에서 이동환 작가는 성공한 사람들은 몸부터 완전히 다르다고 한다. 부자들은 본능적으로 신체의 도파민을 철저하게 통제함으로써 높은 실행력을 얻고 있다는 것이다. 우리는 마치 강력한 실행력이 강력한 의지로부터 나온다고 생각하지만, 전혀 아니다. 비밀은 몸에 있다. 매 순간 최상의 컨디션으로 목표를 실천하며, 내 삶을 중심으로 풍요를 이끄는 사람들. 우리들이 부자라고 부르는 그들에게는 무엇을 하든 우선 몸을 최상의 상태로 만들고 시작하는 그들만의 비법이 있었다.

지금 당장 할 수 있는 한 가지

몸만 우리가 컨트롤할 수 있다. 몸을 관리하면 마음 관리는 쉽다. 몸이란 겉으로 보이는 마음이다. 널뛰는 마음을 다스리고 싶을수록 몸에게 좋은 걸 해 주면 된다. 내 마음은 지금 어떤 상태일까? 내 몸은 지금 어떤 상태일까? 겉으로 안 보이는 마음은 잠시 속일 수 있어도 몸은 거짓말을 못 한다. 지금 당장 할 수 있는 몸에 좋은 한 가지 방법은 무엇일까? 지금 당신의 머릿속에 떠오른 그것이다. 걷기, 운동, 식이요법. 뭐라도 좋다. 한 가지만 오늘 실천해 보자. 몸이 당신을 말해준다.

부자의 몸

이동환 저 | 쌤앤파커스 | 2025

부자는 어떤 몸을 가지고 있을까? 이런 가벼운 궁금증을 가지고 책을 읽어 내려가는데 마지막 부분에서 작가의 뜨거운 인생을 만나고 말았다. 이동환 작가는 의사다. 인생을 바꾼 3권의 책을 소개하며 자신이 인생을 바꾼 이야기도 함께 들려주었다.

만성피로 클리닉이라는 홈페이지를 만들고 있을 당시 빌 비숍의 『관계우선의 법칙』이라는 책을 읽고 홈페이지 만드는 것을 중단했다고 한다. 고객이 필요로 하는 '만성피로에 대한 모든 정보를 제공하는 사이트'를 만들어야겠다고 생각했고, 그렇게 탄생한 사이트가 《이동환의 만성피로 연구 모임》이라는 사이트라고 한다. 나머지 2권은 『세계 최고의 명강사를 꿈꿔라』, 『유튜브의 신』이다. 부자의 몸이 궁금해서 봤다가 누군가의 인생책 3권을 추천받았다.

책 속 필사하고 싶은 한 문장

부자는 무엇을 하든 몸을 최상의 상태로 만들고 시작한다.

5. 마음은 보이지 않는 몸이다

마음을 추스르면 괜찮을 줄 알았다.

5년 전, 허리를 삐끗했을 때 단순히 허리를 다친 줄 알았다. 지금 와 다시 생각해 보면 마음이 다치고 있었다. 그 당시 근무하던 곳에는 상사의 갑질 문제로 분위기가 좋지 않았다. 나와 업무상 가까운 상사였고 나에게 직접적으로 갑질을 하지는 않았지만, 같은 공간에서 보고 듣고 함께 느끼고 있어야 한다는 사실만으로도 스트레스받는 상황이었다. 마음은 보이지 않으니 '괜찮을 거야, 괜찮을 거야.' 하면서 매일 출퇴근을 했다. 마음을 추스르면 괜찮을 줄 알았다. 결국 괜찮지 않다는 건 몸이 아프고 나서야 알았다. 마음이 더 이상 버틸 힘이 없다는 걸 몸이 알려주었다.

멀쩡히 생활하던 사람이 허리를 삐끗하며 환자 모드로 변해버렸다. 허리를 굽힐 수 없으니 매일 아침 세수가 불편했다. 출근 시간이 한참 걸렸고, 옷 입는 것도 불편했다. 사무실 책상에서도 자주자주 일어나야 했다. 허리통증 환자가 되어 주변에서도 알게 되었을 때 그제서야 비로소 몸을 추스르며 마음도 추스를 시간을 갖게 되었다. 그 이후로 확실히 알게 된 것 한 가지. 겉으로 몸이 아프지 않다고 아무 데도 안 아픈 것이 아니라는 사실. 보이지 않는 마음을 더 세심히 돌봐야 한다는 사실이다.

난 단 음식이 자주 당긴다. 단 음식이 자주 당기는 것에도 이유가 있다. 의식하기 전까지는 그냥 단 음식을 좋아한다고만 생각했다. 하지만 이제 그게 다가 아니라는 것을 안다. 그래서 단 음식이 당길 때면 마음의 소리를 들으려고 노력한다. 스스로에게 물어봐 준다. "요즘 어디 안 좋아? 힘든 일 있어?" 다른 사람이 나에게 물어봐 주고 알아봐 주길 굳이 기다릴 필요가 없다. 내가 나에게 물어봐 주면 된다.

살은 왜 찌는 걸까?

몸에 안 좋은 음식은 왜 그렇게 당기는 걸까? 살이 찐다는 건 먹는 것에 비해 움직이지 않아서일 확률이 높지만 그게 다는 아니다. 배가 고프지 않은데 음식이 당긴다는 건 심리적 요인이 크다. 내가 지금 그 음식이 왜 먹고 싶은지 마음을 들여다봐야 한다.

예전 함께 근무하던 직원은 말로는 '먹지 말아야 한다 말아야 한다.' 하면서 입으로는 계속 무언가를 먹고 있다. 업무 스트레스로 과자 1봉지, 불안감으로 또 1봉지. '난 왜 이렇게 절제를 못할까.' 하는 우울감에 또 1봉지를 먹는 것만 같다. 국가정신건강정보포털에 따르면 스스로 절제하기 힘든 폭식은 다양한 원인에 의해 발생한다고 한다. 심리 정서적 원인으로는 스트레스, 우울증, 불안 등의 감정을 해소하기 위해 폭식하는 경향이 있다고 한다. 사무실에서 누군가 과하게 과자 먹는 소리가 들릴 때면 잠시 고개를 돌려 쳐다보게 된다. 혹시 요즘 힘든 일이 있나? 하고 말이다.

굳어진 몸은 스트레칭으로

나도 그런 적이 있었다. 노량진에서 공무원 시험 준비를 하며 수험생 신분이던 2년 동안 간식을 달고 살았다. 밥을 먹고 디저트도 먹고 중간중간 과자를 달고 있으니 당연히 살이 쪘다. 많이 먹고 덜 움직인 결과였다. 노량진에 있는 동안 10kg이 넘게 쪘다. 합격하고 수험생 신분을 벗어난 이후에는 불안 등의 스트레스가 사라진 덕분인지, 몸도 정상으로 돌아왔다.

마음이 두려우면 몸에 힘이 들어간다. 연필을 주우려 허리를 조금 굽혔을 뿐인데 그 이후 3개월 동안 허리 펴기가 힘들었던 걸 생각하면 몸에 힘이 들어가서 그랬던 것 같다.

스트레스 상황일수록 굳어진 몸에 힘을 빼보자. 힘 빼는 동작으로 내겐 아직도 폼롤러 스트레칭이 최고다.

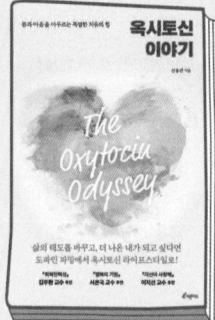

옥시토신 이야기
전용관 저 | 피톤치드 | 2024

옥시토신이라는 호르몬을 여러 각도에서 설명해 주는 이 책은 '옥시토신이 무슨 만병 치료 약인가?' 하는 생각을 들게 한다. 하지만 구체적으로 들려주는 사례와 예시를 따라가다 보면 나도 모르게 옥시토신이라는 호르몬에 대해 점점 흥미를 갖고 빠져들고 있음을 알게 된다.

스킨십 호르몬, 뒷담화 호르몬, 애착 호르몬, 이타적 호르몬 등으로 불리는 옥시토신이 대체 무엇인지 궁금한 사람이라면 흥미롭게 읽을 것 같다. 체육을 전공하다 운동과 암분야 전문가가 된 저자의 이력도 꽤 흥미롭다.

책 속 필사하고 싶은 한 문장

회복탄력성과 옥시토신은 서로 선순환의 구조를 가지게 되어 우리가 더 나은 사람이 될 수 있도록 도와준다.

6. 돈 내고 땀 내기

30대 편집자와의 미팅

1년 전쯤 건강 분야 대형 출판사 담당자와 미팅한 적이 있다. 미팅에 나온 편집자는 30대 초반으로 보였다. 이미 나의 인스타, 블로그를 살펴보고 온 뒤라 내가 엮어낼 글에 대해 개인적으로 호감을 가지고 있었다.

게다가 편집자 자신이 퇴근 후에 개인 PT를 받으며 운동을 하고 있다고 했다. 직장인에게 운동이 어떻게 도움이 되는지, 특히 PT를 받으며 변화된 부분을 글 속에 녹여내 주길 원했다. 편집자가 개인적으로 이렇게 궁금증을 가지고 있으니 출간은 일사천리로 진행되는 건가 싶었다. 하지만 이게 웬일.

책 계약 승인을 받기 위한 출판사 대표가 참석하는 회의가 진행되었는데 거기에서 대표가 반대의견을 냈다고 했다. 이유인즉슨. "아직 우리나라에서 개인 PT란 연예인이나 부자들만 하는 운동이기 때문에 대중화가 되지 않았다. 그래서 이 책을 읽는 대중들에게 어떻게 다가갈지 모르겠다."라고 했다는 것이다. 편집자는 자신이 대표를 설득하지 못해 죄송하다며 아쉬움도 함께 전해줬다.

　충분히 그럴 수 있겠다 싶은 마음이 들었지만 대표가 했다는 이야기를 전해 들으며 난 생각했다. 출판사 대표란 그분은 절대 운동을 안 하는 분이겠구나, 당신이 운동하지 않으니 요즘 젊은 사람들이 얼마나 많은 운동에 빠져 있고 개인 트레이너와 함께 운동을 하고 있는지 전혀 모르고 있겠구나…

　요즘엔 건물마다 헬스장, PT 센터, 필라테스, 요가 등 운동 관련 공간이 없는 건물이 없다. 유튜브도 책 관련 영상보단 운동 관련 영상이 조회수도 높을 걸 보면 확실히 우리나라 사람은 책보다는 운동, 건강에 관심이 더 많다.

　요즘 20대~30대는 왜 돈을 주고 PT 수업을 받으며 운동을 하는 걸까?

걷기처럼 돈 안 드는 운동도 많은데 왜 운동 레슨에 투자를 하는 걸까? 내가 생각하는 이유는 똑똑해서다. 비만은 질병이다. 1999년 세계보건기구는 비만을 단순히 외모의 문제가 아닌 치료가 필요한 질병으로 분류했다. 노인근감소증도 얼마 전 질병으로 분류되었다. 나이가 들어갈수록 근력이 감소하는 것을 질병으로 본 것이다. 지금 우리나라의 젊은 세대는 예전 세대보다 정보 습득이 빠르기 때문에 자신의 건강을 어떻게 지켜야 할지 미리부터 고민을 더 많이 한다.

직장에서 팀원들만 봐도 그렇다. 밀가루를 먹으면 속이 안 좋아 밀가루를 되도록 먹지 않는다든지, 당이 올라가는 것을 우려해 탄수화물을 조절한다든지 하는 모습을 보면 더욱 그런 생각에 확신을 갖게 된다. 비만과 근감소증의 중요성도 미리 알아서 자신이 지출할 수 있는 범위 내에서 돈을 내고 운동한다. 한마디로 돈 내고 땀 내기다. 운동에 1만 원을 투자한 사람은 2만 원 이상의 가치를 얻게 될 것이며, 10만 원을 투자한 사람은 20만 원 이상의 가치를 얻게 된다는 진리를 이미 몸소 터득했기 때문인지도 모른다.

오늘부터 나를 돌보기로 했습니다
박현희 저 | 뜨인돌 | 2021

오랜만에 이 책을 펼쳤더니 첫 장에 작은 메모가 붙여져 있다. '50살 전, 나도 이 책 같은 책 쓰기' 3년 전이라고 표시된 날짜도 함께 써 있다. 잊고 있던 3년 전 메모를 보니 그 당시 내 모습이 떠올랐다. 헬스장을 다니면서도 운동하는 다른 사람들의 생각이 그렇게 궁금했더랬다.

사람에게 직접 듣기보다 내가 선택한 방법은 운동하는 사람들이 쓴 책을 읽는 거였다. 주변에는 나만큼 운동에 빠진 사람이 없어 공감대를 형성하기 어렵기 때문이기도 했다. 지나가듯 메모를 해 놨을 뿐인데 어느새 나도 '나를 돌보는 이야기'를 풀어내고 있다. 원하는 것을 어딘가에 써 놓으면 진짜로 이루어진다고 하더니 그 말이 가짜는 아닌 것 같다.

책 속 필사하고 싶은 한 문장

보잘 것 없는 몸 쓰기이지만 그렇다고 몸 쓰기를 통해 얻는 행복마저 보잘 것 없는 것은 아니다.

7. 기록이 근육을 만든다

잘 모르는 투자를 했다가 크게 손해 본 적이 있다.

그에 비하면 운동은 투자 대비 효과가 컸다. 부동산 투자도 살짝, 주식 투자도 살짝 해 보았지만 운동만큼 투자수익률이 큰 투자를 아직 찾지 못했다. 운동의 투자수익률을 더 높이려면 어떻게 하면 좋을까? 내 생각엔 기록하면 효과가 더 좋아진다.

난 PT 수업을 받기 시작하면서 운동 기록을 시작했다. 수업 시간에 배운 내용을 다 알아듣지 못해 복습하는 마음으로 블로그에 기록했다. 100회 PT 수업 내용까지 꽉 채운 후 인스타로 넘어가 사진과 영상으로 남겼다. 계획적으로 그랬다기보다 자연스러운 순서였다. 블로그는 글 중심이기 때문에 수업 내용을 리마인드하면서 정리하기 좋았고, 인스타는 변해가는 몸을 남겨놓기에 딱이었다. 개인 트레이닝 수업을 100회 정도 받고 보니 몸에 있는 살들이 어느 정도 정리가 되었고 변해가는 몸을 사진으로 기록해 보고 싶다는 생각이 들었다. 그 이후부터는 사진이 근육을 만든 게 아닌가 싶을 정도다. 운동 기록을 하면 좋은 이유에 대해 4가지로 정리해 보았다.

운동을 기록하면 좋은 이유 4가지

첫째, 선명해진다. 우선 내가 무엇을 알고 무엇을 모르는지 선명해졌다. 트레이너 쌤이 알려주는 동작의 효과를 알아들은 것 같지만 막상 기록하려고 하면 모르는 경우가 많았다. 그때 유튜브를 찾아보며 동작을 확인하고 효과를 다시 정리해 두었더니 머릿속이 점점 선명해졌다. 머릿속과 더불어 근육도 점점 선명해졌다.

둘째, 몸 이상으로 마음이 달라진다. 운동이 주는 최상의 보상은 내 몸의 변화다. 배가 나오고 뱃살이 접힐 때는 일부러 거울을 자주 보지 않았다. 별로 내키지 않았다. 하지만 점점 군살이 사라지고 몸이 탄탄해지기 시작하면서 사진을 자주 남겼다. 보디빌딩 대회에 나갈 것도 아니고 내 몸이 좋아졌다고 자랑하고 다닐 것도 아니었지만 잘 살고 있구나 하는 만족감, 오늘도 해 냈다는 자신감, 몸의 변화를 내 눈으로 직접 확인하는 벅찬 감동 덕분에 몸 이상으로 마음이 달라졌다.

셋째, 탁월해진다. '자기만의 길을 가는 이는 누구와도 만나지 않는다.'라고 니체가 말했다. 운동 기록 습관은 그 누구도 필요치 않게 만들어줬다. 경쟁자가 없어진다. 아니 경쟁자가 없어진 기분이 든다. 인스타에 등 근육을 매일 기록하다 보면 중요한 건 어제의 등보다 조금 더 나아지는 것 뿐. 그 누구의 삶도 궁금해지지 않는다. 등 근육도 한 땀 한 땀 만드는 판에 도대체 세상에 못 할 일이 뭐가 있을까 하는 생각이 든다.

넷째, 관계가 정리된다. '#오운완 #헬스하는직장인'이라는 태그로 인스타에 운동을 기록하다 보면 운동을 좋아하는 사람이 모인다. 관계가 자연스럽게 정리된다. 평소 운동을 좋아하지 않는 사람은 화들짝 놀라 도망간다. 당장 멀어지지 않더라도 서서히 정리된다. 현재 운동을 하고 있거나 언젠가는 하고 싶은데 아직은 하지 못하고 있는 사람만 결국 곁에 남는다. 운동 기록만 했을 뿐인데 관계가 재정립되는 건 참으로 신기한 경험이었다.

운동이 외롭지 않고 재밌게 갈 수 있는 방법

블로그, 인스타에 운동 과정을 남기지 않고 그냥 운동만 했다면 5년째 웨이트 운동을 이어올 수 있었을까? 근력 운동은 소위 외로운 운동이라고 한다. 그래서 헬스는 자기와의 싸움이라는 말도 있다. 운동 과정을 글로 풀고 사진으로 기록하고 영상으로 남기면 외롭지 않고 재밌게 갈 수 있다. 거기에 따라오는 근육은 덤이다. 결국 운동 기록이 근육을 만든다.

기록의 쓸모

이승희 저 | 북스톤 | 2020

"도대체 이런 걸 어떻게 찾으세요?"

『기록의 쓸모』 이승희 작가는 인스타 영감계정(숭@2tnnd)을 운영한다. 스스로 24시간 영감 수집가라고 지칭하다 보니 이런 것들은 도대체 어디서 찾느냐는 질문을 종종 받는다고 한다.

다양한 영감을 얻으려면 2가지가 필요하단다. 열린 마음과 스스로 질문하는 습관. 그래서일까? 그녀는 『질문 있는 사람』이라는 책도 출간했다. 예기치 못하게 날아오는 질문만큼 좋은 영감은 없다고 한다. 그러고 보니 나도 주변에서 던지는 질문이 영감이 되어 쓴 글들이 여러 개다.

의도한 목적이 없더라도 우선 기록하다 보면 다양하게 활용되어 또 다른 형태의 기록물이 된다. 이렇게 나의 운동 기록이 책으로 엮어지기도 하듯이 말이다.

책 속 필사하고 싶은 한 문장

낯선 것에 눈이 한창 머무를 때, 기분이 이상할 때, 좋은 글을 읽었을 때, 쓰고 싶은 글이 있을 때, 기획하는 순간의 기분과 감정, 생각을 놓치지 않으려고 계속 적었습니다.

8. 정신력보다 체력

하체 운동은 여전히 힘들다.

'운동하기 싫은 날엔 꼭 하체운동을 하라.'는 말이 있는데 내가 생각하는 그 말의 의미는 이렇다. 엉덩이, 허벅지, 종아리까지 골고루 자극을 주고 나면 내가 언제 운동하기 싫었나? 싶을 정도로 정신이 번쩍 든다. "운동하기 싫다니~! 정신 차려~!" 누가 나에게 이러는 것만 같다. 거기에다가 레그프레스 머신까지 두 발과 엉덩이 힘으로 밀고 나면 세상 속 고민이 아주 하찮게 느껴진다. 과연 이 무게보다 세상에 무거운 게 있었나 싶은 생각마저 든다.

인간을 정신과 육체로 나눌 수 있다면 무엇이 더 나에게 가까울까?

여태껏 정신이라고 생각하며 살았다. 그래서 마음공부가 더 중요하다고 믿었다. 심리학, 철학, 정신분석학 책까지 읽어대며 정신력만 있으면 세상을 살아갈 수 있을 거라 생각했다. 지금 생각해 보면 착각에 빠져있던 시기였다. 정신 근력을 위한 독서는 아무리 읽어도 제자리걸음 같은데 몸 근력을 위한 운동은 그날 당장 평안을 가져다줬다.

사무실에서 정신 사나운 일을 겪고 돌아온 날, 억지로라도 신발을 신고 헬스장으로 간다. 시작은 적당한 무게의 바벨을 어깨에 얹고 백스쿼트를 10개씩 3세트 해준다. 다음엔 5kg짜리 덤벨을 양손에 들고 데드리프트 동작을 해주며 허벅지 뒤쪽 햄스트링과 등 근육을 조금 자극시켜준다. 잠시 깨작거린 것 같은데 금세 머리가 맑아진다.

내가 헬스장을... 아니 헬스를 좋아하는 이유는 간단하다. 책을 읽고 성장하는 것은 보이지 않으니 더디게 느껴졌지만, 헬스로 변해가는 몸은 달랐다. 몸만 달라진다 싶었는데 체력이라는 확실한 결과로 보상해 줬다. 지난주 글쓰기 모임에 오랜만에 참석한 지인이 날 보며 말했다.

"은희 님의 바지런함과 실행력은 체력에서 나오는 것 같아요."

평소 실행력이 좋다는 피드백을 종종 받는 편인데 그날따라 체력이라는 단어를 접목해 표현해 주는 것이 아닌가. 물론 나도 그렇게 생각한다. 내가 남들보다 조금 더 활력 있게 보인다면 분명 근력 운동을 통해 얻게 된 체력 덕분이다. 나 자신만 느끼는 줄 알았는데 다른 사람에게도 이제 내 체력이 보이는구나 싶었다.

『운동의 참맛』 속엔 어느 직장인의 헬스 예찬론이 그득하다. 그가 이 세상에서 유일하게 확신하는 일은 몸을 움직이는 일뿐이라고 한다. 박민진 작가의 헬스를 향한 애틋함을 함께 나누며 마무리한다.

'육체가 자아내는 감흥은 형언하기 어렵고, 그 느낌을 입에 올리는 순간 금세 소멸하고 말지만 난 계속해서 헬스가 주는 느낌을 글로 적어볼 생각이다. 헬스를 향한 나의 애틋함을 최대한 정확하게 써내서 몸을 가꾸는 즐거움이 많이 사람에게 전해질 수 있도록 하고 싶다.'

운동의 참맛

박민진 저 | 알에이치코리아 | 2023

박민진 작가의 『운동의 참맛』은 브런치스토리 글이 책이 된 경우다. 브런치스토리라는 플랫폼에는 주로 글쓰는 사람들이 모이다 보니 글로 시작해 결국 책을 내는 것이 목표가 되기도 한다.

그런데 희한하게 내가 브런치스토리에서 느낀 점은 책을 목표로 한 글보다 글쓰기 자체를 목적으로 한 글이 더 매력 있다는 점이다. 16년 차 헬스인이자 직장인이었던 박민진 작가가 풀어내는 글에도 묘한 매력이 있었다.

이름만 보고 나처럼 '헬스하는 여자 작가'인 줄 알고 곧바로 책을 주문했다가 도착하고 나서야 남자인 줄 알았지만, 글의 섬세함에 깜짝 놀라 하룻밤에 끝까지 읽었던 기억이 있다.

책 속 필사하고 싶은 한 문장

육체가 자아내는 감흥은 형언하기 어렵고, 그 느낌을 입에 올리는 순간 금세 소멸하고 말지만, 난 계속해서 헬스가 주는 느낌을 글로 적어 볼 생각이다.

9. 힘은 쓸수록 생긴다

"그 순간 내 인생이 확 바뀌었다."

드라마에서나 있을 법한 문장으로 시작하는 책이 있다. 켈리 맥고니걸의 『움직임의 힘』이다. 서문 첫 문장이다. 그녀는 건강심리학자라고 자신을 소개한다. 건강에 심리학이 붙는 학문이 있었다니 눈이 크게 떠졌다. 대학원에서 심리학을 전공하고 취미로 요가, 헬스를 도합 17년째 하고 있는 나에겐 특별한 단어로 보였다.

학부에서 박사과정까지 심리학을 공부해 대학 강사가 된 그녀가 22살부터 그룹 운동 강사로도 활동해 왔다는 사실도 흥미롭다. 첫 에어로빅 강사 오디션에 참가하려고 서 있던 스튜디오 앞 장면을 묘사한 글이 기억에 남는다.

'어쩌면 당신도 이런 순간이 있을 것이다. 간절히 바라면서도 너무나 두려웠던 일을 기필코 이뤄내서 인생의 전환점을 맞이한 순간. 생각해 보니, 내가 평소 좋아하고 즐기던 여러 운동에서 용기를 배웠기 때문에 도망치지 않았던 것 같다. 요가에선, 숨을 깊이 들이마시고 안전지대 밖으로 나아가는 법을 배웠다. 댄스에선, 시작할 땐 의기소침해지더라도 음악에 맞춰 동작을 취하다 보면 금세 괜찮아질 거라는 낙관적 태도를 배웠다. 그리고 심장을 강화하는 유산소 운동에선, 쿵쾅거리는 심장이 늘 두려움의 징조는 아니라는 사실을 배웠다. 오히려 점점 더 튼튼해진다는 증거일 때도 있으니까.'

요가에서 헬스로 넘어오면서도 확신을 가질 수 없는 한 가지가 있었다.

힘을 쓴다는 것이 일상생활에 얼마나 도움을 줄 수 있을까? 하는 생각이었다. 세상에는 경험해 보지 않고는 절대 모르는 것들이 분명히 있는데 나에겐 헬스가 그랬다. 헬스장에서 내가 3kg, 5kg, 8kg 무게를 높여가며 양손에 덤벨을 들고, 긴 쇠막대 같은 바벨을 어깨에 턱하니 얹고 스쿼트를 하게 될 줄은 몰랐으니까 말이다. 상상해본 적도 없고 바란 적은 더욱 없다. 그것도 40대가 되어 어깨 위로 두 팔을 쭉

욱 뻗어 천정을 향해 번쩍 들어올리는 숄더프레스 덤벨 무게 올리는 기쁨에 심취하게 되리라고는 전혀 예상하지 못했다.

덤벨을 양손 각각 2kg에서 8kg까지 차례대로 들었다 놨다 하는 숄더프레스 덕분에 어깨엔 근육뽕이 생겼다. 거북목이 사라진 상체의 당당함은 선물처럼 따라왔다. 무게를 올려 동작을 이어간다는 행위는 자기초월감을 맛보게 해준다. 내가 나를 초월한 기분이다. 운동하며 맛본 자기효능감은 고난을 견디는 능력, 집요하게 달려들고 집중하는 능력, 미래에 투자하고 장애물을 극복하는 능력, 다른 사람들과 연결되어 있음을 감지하는 능력, 은혜를 갚고 도움을 베풀며 서로 끌어주는 능력, 돈 주고도 살 수 없는 삶의 무기들을 장착시켜 주었다.

힘은 몸이 썼는데 마음 힘이 생겨났다. 그리고 그 힘은 쓸수록 생겨났다. 내가 5년 전 요가에서 헬스로 종목을 바꾸게 되면서 여태 요가로 돌아가지 못하고 헬스장 주변에 머물러 있는 이유이기도 하다.

마흔, 체력이 능력
최수희 저 | 빌리버튼 | 2022

마흔+체력+여자 작가, 이 3가지 조합은 무조건 봐야 할 책이다. 일부러 보려고 하지 않아도 마음이 막 동요하니 어느새 손은 책을 주문하고 있다.

『마흔, 체력이 능력』 최수희 작가님은 블로그에서 '워킹맘 말랑이'로 불린다. 블로그에 운동 기록을 남길 때 알게 된 블로그 이웃이다. 두 아들의 엄마면서 직장인이던 그녀가 운동의 힘으로 일과 육아를 병행해 나가는 모습은 철인 3종 경기에 참가한 선수마냥 강인해 보이고 멋졌다.

그녀의 운동 과정을 보며 과연 나도 이런 책을 쓸 수 있을까? 생각했던 것도 사실이다. 그녀가 철학자 에픽테토스의 말을 곱씹으며 나를 온전히 보살피는 시간을 가졌다는 말이 기억에 남는다.

책 속 필사하고 싶은 한 문장

'네가 만나는 사람들은 너에게 무례할 것이고, 네가 겪는 일들은 항상 널 힘들게 할 것이다. 하지만 이 모든 것 중 단 하나만이 네가 선택할 수 있다. 너의 마음이다.'

10. 몸과 대화하는 시간

인생은 혼자구나라고 깊게 느꼈던 순간이 있었다.

잊히지도 않고 잊을 수도 없는 그 순간. 최근 몇 년 동안 거의 입 밖으로 내놓지 않는 과거의 한 장면이다. 내가 지금 그 이야기를 하려고 하는 이유는 그날 이후 몸에 대한 내 생각이 완전히 달라졌기 때문이다.

10년 전쯤 일이다. 24주 유산을 하고 퇴원해서 집으로 돌아왔다. 예정된 사산이었다. 13주부터 미리 진단을 받은 상태라 출산 아닌 유산까지는 어떻게든 받아들일 수 있었다. 하지만 전혀 예상치 못한 몸 반응 하나가 있었다. 가슴에서 젖이 나왔다. 유산이든 사산이든 출산이라고 인지한 몸은 젖을 생산해 냈다.

출산휴가를 내고 휴직했지만 출산 상황이 종료되었으니 복직 신청을 해야 했다. 인사팀에 복직 상담을 하면서 한쪽 손으론 핸드폰을 들고 반대편 손은 흘러내리는 젖을 막았다.

양배추 크림을 바르면 젖이 빨리 마른다길래 부랴부랴 인터넷으로 주문했다. 양배추 크림이라는 게 세상에 있는지 그때 처음 알았다. 크림이 도착하기 전까지는 냉장고에 있는 생양배추를 가슴 위에 올렸다. 오목하니 뭔가 브래지어처럼 보이기도 했다.

슬프고 안타깝기보다는 그러고 있는 내가 우스웠다. 이런 상황에서도 대안을 찾고 해결책을 스스로에게 제시하고 있는 너 참 대단하다 싶었다.

인간은 어쩌면 한낱 생물학적 몸뚱아리 그 이상도 이하도 아닐지 모른다. 내가 한낱 몸뚱아리에 불과하다면 몸을 다시금 바라봐야 할 일이었다. 여태껏 몸이란, 정신과 이성 다음 정도로만 생각했지, 나를 이루는 중심일 거라는 생각은 한 번도 해 본 적이 없었다. 기존 나의 생각을 확 뒤집어야 했다. 몸이 먼저였다.

몸의 반응을 인식한 나의 첫 경험은 나를 인식한 첫 경험이었다.

나는 이제 정신과 대화하는 게 아니라 몸과 대화하기로 했다. 운동하는 시간은 이제 온전히 내 몸과 대화하는 시간이 되었다.

비폭력대화

마셜 B. 로젠버그 저 | 한국NVC출판사 | 2024

너무 유명한 책이었지만 그동한 접할 기회가 없어서 읽지 못한 책이었다. 게다가 최근에는 운동이나 건강관련 책들만 일부러 집중해서 읽고 있다 보니 애써 외면하고 있던 분야이기도 했다.

이 책이 처음 나온건 20년 전이다. 내 생각에 이 책이 다른 책과 큰 차이를 보이는 이유는 실천 가능한 방법을 제시하고 있다는 점이다. 『비폭력대화』라는 제목과 동일한 이름을 가진 모임들은 시간이 흘러 구전으로 전해지며 사회 곳곳에 안착 중이다. 조직에 스며들면 조직문화를 경쟁에서 창조로 바꾸고, 가정에 스며들면 감정적인 대화방식이 공감과 감사로 바뀐다고 하니 비폭력대화를 한번도 접해보지 못한 사람은 있어도, 단 한번만 접해 본 사람은 없을지도 모른다는 생각마저 든다. 책 내용에서도 몸의 중요성을 이야기하고 있어 더욱 귀가 솔깃했다.

책 속 필사하고 싶은 한 문장

몸의 반응을 인식하는 것은 자기 인식의 첫걸음이다.

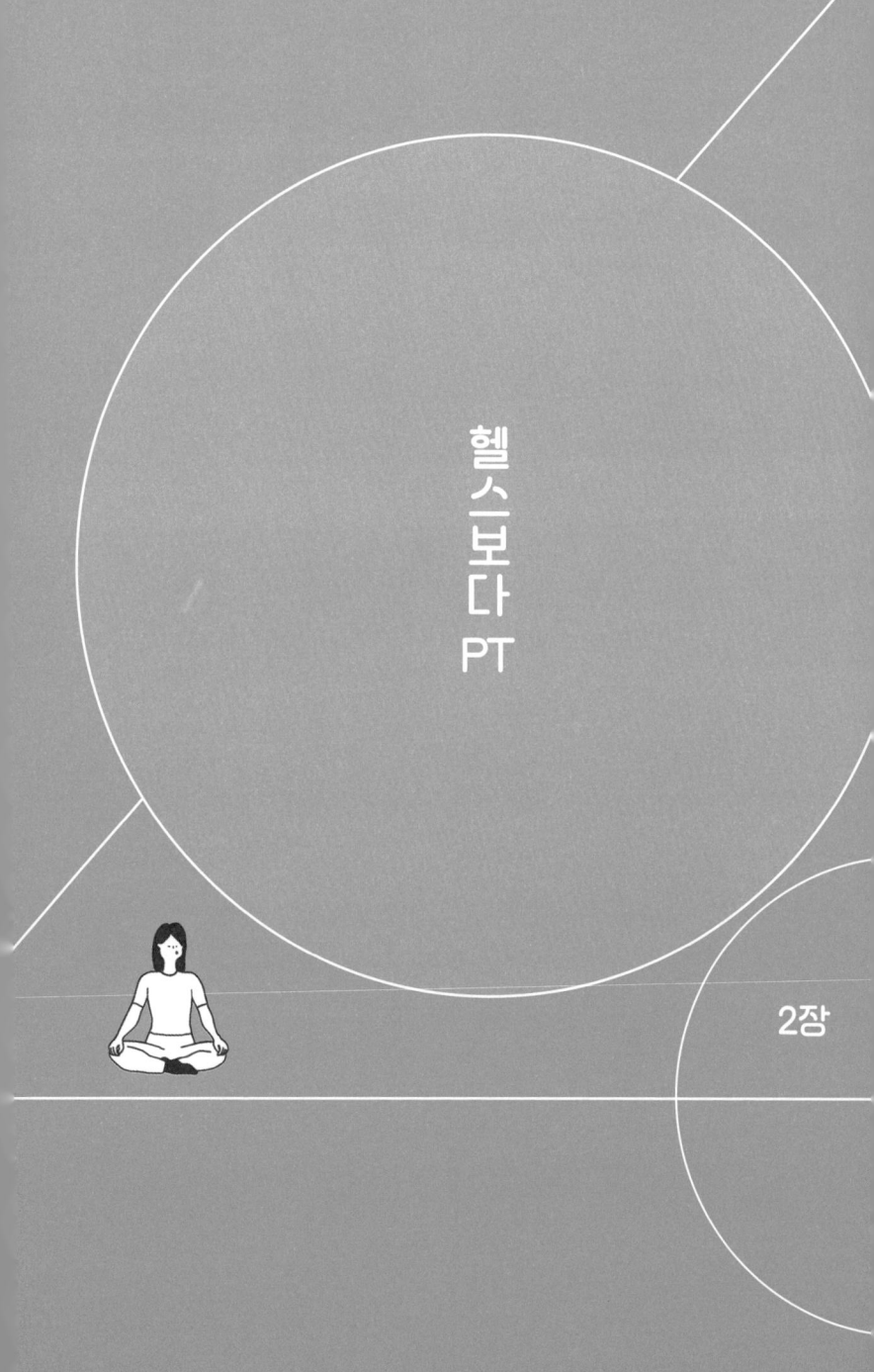

헬스보다 PT

2장

> "몸을 괴롭히면
> 마음이 정리된다."
>
> _ 『몸이 먼저다』 중에서

1. 방향이 먼저다

PT는 나침반이다.

PT를 시작하기로 한 건 나침반 역할을 해 줄 누군가가 필요했기 때문이다. 처음 헬스장을 방문했을 때 트레이너 쌤이 체형 분석과 체지방 분석을 해 보자고 했다. 몸무게, 근육 무게, 체지방 무게를 쟀고, 어깨와 엉덩이 위치가 삐뚤어지지 않았는지까지 무언가 전문적으로 보이는 기계로 체크했다.

눈금 종이 앞에 서서 사진에 찍힌 내 모습과 인바디 결과지를 보여줬다. 몸무게는 높고 체지방은 많고 배 근육은 적은 전형적인 C자형 그래프를 나타낸 수치였다. 어깨는 한쪽이 들려있고, 골반도 틀어져 있다고 했다. 정말 내 눈에도 삐

뚤하게 보였다. 트레이너 쌤은 몸통 가운데 근육을 키우고, 체지방은 줄여 D자형 그래프의 몸을 만들어 보자고 했다. 근육 운동을 통해 건강한 몸을 만들어 나가다 보면 허리는 어느새 튼튼해져 있을 거라고도 했다.

그동안 단순하게 몸무게를 줄이는 것만이 건강해지는 것이라고 생각한 것과는 목표가 확실히 달랐다. 초반에는 전체 무게가 늘 수 있지만 근육 무게이니 크게 신경 쓰지 말라고도 했다. 그로부터 9개월 이후 바디프로필을 찍게 되기까지 몸무게는 58kg에서 43kg으로 총 15kg이 줄었다. 물론 바프 당일엔 물도 안 먹었기 때문에 하루 만에 다시 몸무게는 5kg이 늘긴 했지만 확실히 체지방은 줄고 근육이 늘었다.

가장 큰 변화는 몸매가 달라졌다는 것이다. 퇴근 후 요가할 때와는 다르게 살이 탄탄해졌다. 요가할 때는 요가하는 몸처럼 보이더니 근력 운동을 시작한 후부터는 근육질 몸매로 바뀌어 갔다. 물컹하던 아랫배가 단단해지기 시작했고 팔과 다리, 어깨에 근육이 갈라지는게 보였다. 체력까지 좋아져서 웬만해선 피곤하지 않았다. 체력은 운동해 온 시간에 대한 선물 같았다.

열심히 보다는 제대로 된 방향으로

왕년에 헬스장 한번 안 가본 사람은 없을지 모른다. 비싸고 시설 좋은 헬스장이 아니더라도 한 달에 4~5만 원만 내면 한 달 내내 샤워장까지 이용할 수 있는 동네 국민체육센터 헬스장은 한번쯤 가 봤을 것이다. 근력 운동을 체계적으로 배우고 나서야 그동안 내가 혼자 한 동작들은 전부 잘못된 근력 운동이라는 것을 알았다.

세상엔 여전히 내가 모르는 분야가 많다. 해보기 전에는 절대 알 수 없는 것들이 수두룩함을 PT 수업을 받아보고서야 알았다. 무언가를 시작할 때 열심히도 중요하지만 방향이 중요함을 근력 운동을 배우며 확실히 깨달았다. 그동안 돌고 돌아 참 많은 시간을 보내고 왔구나 싶었다.

아무것도 모르는 자는 모든 것을 믿을 수밖에 없다

『몸이 먼저다』에서 한근태 작가는 속도가 아닌 방향이 중요하다는 표현을 이렇게 했다.

'산에서 길을 잃었을 때 최선의 방법은 그 자리에 머무는 것이다.

자칫 당황해 여기 저리로 움직이면 더 위험해진다. 체력도 떨어지고 출구에서 더 멀어질 수 있기 때문이다. 건강도 그러하다. 뚱뚱한 것이 몸에 해롭다는 사실을 모르는 사람은 없다. 그래서 온갖 방법을 동원해 살을 뺀다. 사람들의 이런 다급한 마음은 교묘한 상술의 표적이 된다. 짧은 시간에 살을 빼 주겠다, 그렇게 안 되면 환불해 주겠다, 누가 누가 이 방법으로 성공을 했다 등등. 살이 빠질 수 있다는 면에서는 진실이다. 하지만 다시 찔 수 있고, 그때는 더 악화될 수 있다는 부분은 말하지 않는다. 이런 말을 듣고 혹해서 큰돈을 지불하는 사람을 볼 때마다 "아무것도 모르는 자는 모든 것을 믿을 수밖에 없다"는 격언이 떠오른다. 무지가 부른 재앙이다. 돈은 돈대로 쓰고 몸은 몸대로 망가지니 가엾은 인생이다.'

아무것도 모르는 자는 모든 것을 믿을 수밖에 없다니... 돈은 돈대로 쓰고 몸은 몸대로 망가지는 삶을 나는 정말 살고 싶지 않다.

몸은 정직하다.

얼마 전 남자 보디빌딩 대회에 참석할 기회가 있었다. 참가자들의 몸 근육은 하나같이 다 달랐다. 이름도 같고, 위치도 같은 근육인데 사람마다 다르다는 게 신기했다. 도대체 어떻게 몸을 만들었길래 이렇게 근육이 겉으로 드러나는 건가 싶어 대단해 보였다. 보디빌딩의 의미가 새롭게 다가오는 시간이었다.

보디빌딩이란 자신의 몸을 바로 세우는 작업이었다. 나도 다행히 40대에 근력 운동을 만나 몸을 바로 세우는 방향은 잘 잡았으니 인생 방향도 다시금 잘 잡아야겠다는 생각이 들었다.

제대로 된 운동 방향은 인생 방향도 고민하게 했다. 무작정 열심히 하기보다는 제대로 된 길을 가고 있는지 중간 중간 방향을 점검하며 나아가고 싶다.

몸이 먼저다

한근태 저 | 미래의창 | 2014

『몸이 먼저다』는 내 인생 책이다. 인생 책은 사람마다 완전히 다를 수 있기 때문에 인생 책이라는 단어를 잘 쓰지 않으려고 노력하는 편이지만 이 책은 어쩔 수 없다. 왜냐하면 이 책을 좋아한 덕분에 실제 한근태 작가님을 만났기 때문이다.

이 책을 읽고 너무나 공감되어 흥분을 감출 수 없었던 나는 무작정 한근태 작가님 블로그에 들어가서 댓글을 남겼다. 작가님이 지금 하고 있는 글쓰기 모임에 함께 하고 싶다고…

모임 첫날 함께한 식사 자리에서 작가님이 해 주신 이야기가 기억난다.

"저는 운동으로 몸과 마음이 바뀐 이야기에 대해 쓰려고 합니다"라고 했더니 "음… 무언가 확실히 결과물로 나올 것 같네요"라고 해 주셨다. 이 책을 보면 또 뭐라고 말씀해 주실지 궁금하다.

책 속 필사하고 싶은 한 문장

몸을 괴롭히면 마음이 정리된다.

2. PT가 별건가

> 돈 쓰는 곳에 내가 있다.

처음엔 나도 PT 수업이 돈으로만 보였다. '1시간에 5만 원을 내면 내가 그 이상의 가치를 삶에 녹여낼 수 있을까?' 하는 생각이 들었다. 그래도 한번 경험해 보고 싶었다. 한번 해보고 아니면 말지 뭐 하는 단순한 생각도 살짝 있었다.

성인이 되어 몇 가지 취미생활을 접해 보았지만, 누군가와 1:1로 무언가를 배워보기는 처음이었다. 20대 때는 가격이 가장 중요했는데 40대가 되면서 무언가를 시작하기 전 돈 너머의 가치를 비교해 보기 시작했다. 나에게 가치란 투자한 금액 이상으로 내 삶에 녹여내면 그것으로 그만이었다. 어쩌면 돈을 주고 살 수 있는 것이 가장 쉽고 간편한 일

같기도 했다. 사랑, 배려, 감사, 용서, 응원, 칭찬, 공감 같이... 세상엔 돈으로 살 수 없는 가치들이 너무 많다는 사실을 알아버렸기 때문이기도 했다.

돈 이상의 가치를 볼 줄 아는 사람이 더 잘 살 수 있다.

돈을 목적으로 대하는 사람과 돈을 도구로 활용해 그 이상의 가치를 만들어내는 사람의 삶은 분명히 다르다. 처음엔 눈치 못 챌 수 있지만 몇 번만 만나 이야기해 보면 금방 알 수 있다.

하물며 트레이너도 그렇다. PT 회원을 돈으로 보는 트레이너라면 금방 들통나게 되어 있다. 『끌리는 트레이너의 스피치』라는 책을 읽는데 이런 문장이 나왔다. 'PT 회원은 이미 잡은 물고기입니다.' 잘못 본 줄 알고 몇 번을 다시 읽었다. PT 회원을 위해 작은 성취감을 자주 주는 게 중요하다 뭐 이런 내용으로 연결되기는 했지만 살짝 뜨악했다. 사람을 잡은 물고기 취급하면 상대가 금방 알아챈다. 결국 얼마 못 가 분명 한계가 올 거라는 확신이 들었다.

헬스 트레이너하면 이 책이 생각난다.

『아무튼, 피트니스』에는 류은숙 작가가 PT를 받게 된 첫날 장면이 묘사되어 있다.

열 개만 잡아당기리라, 작정하고 힘을 쓰는 중이었다.

나이스(트레이너의 자칭 별칭이다)가 다가왔다.

"지금, 뭐 하세요?"

(보면 모르냐?) "네, 그냥 뭐."

"이걸로 뭐 하시려고요?"

"네? 팔 운동 삼아 잡아당기고 있는데요?"

"회원님, 이건 등 운동하는 기구입니다."

"에?"

"이리 와 보세요."

올 것이 왔다.

몇 년 전 읽은 내용인데도 잊히지 않는 장면이다. 드라마나 영화에서 본 장면처럼 각인되었다. 등 운동 기구로 팔 운동을 하고 있었다는 걸 보니 아마도 랫풀다운을 하고 있지 않았을까 하는 상상을 혼자 해봤다. 제대로 된 기구 사용법이나 근육 자극점을 모르면 충분히 누구에게라도 있었을 법한 일이었다.

'저 PT 100회를 한꺼번에 끊었는데요'

PT 100회를 한꺼번에 끊었다며 자신이 정말 잘한 일인지 모르겠다고 묻는 블로그 댓글이 있었다. 난 잘하셨다고 댓글 답장을 해 주었다. PT 100회를 한꺼번에 결제했다는 것은 그만큼 변화하고 싶다는 의지가 표현된 행동이라는 생각이 들었기 때문이다. 실행력에 박수를 보내면서 변하고 싶은 열망이 꼭 원하는 결과에 데려다줄 것이라고도 덧붙였다. 아니, 뭐 꼭 그렇지 않더라도 어떤가. 인생에 한 번 운동에 배팅한 경험은 나쁘지 않을 테니까.

일주일에 1~2번씩 한 시간을 투자해 인생을 완전 변화시켜 줄 무언가가 있다면 과연 안 할 사람이 있을까? 난 아직 내 인생에서 PT 수업을 통해 변한 내 몸과 마음만큼 드라마틱한 변화를 경험해 본 적이 없다. 자신의 인생이 지금 맘에 안 드는 사람이라면, 무언가 변화를 추구하고 싶은데 방법을 모르겠다면, 몸의 활력이 생겨 즐거운 일상을 누리고 싶다면, 그런 사람이라면 그 어느 것보다 운동을 권하고 싶다.

지금 당장 동네 헬스장 3곳을 검색하고 예약을 통해 차례차례 방문 시간을 잡았으면 좋겠다.

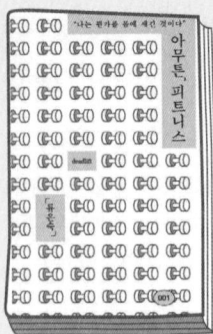

아무튼 피트니스

류은숙 저 | 코난북스 | 2017

『아무튼 피트니스』는 아무튼 시리즈의 첫 번째 책이다. 시리즈로 보자면 꽤 오랜 시간이 지났지만, 지금 읽어도 여전히 재밌는 이유는 류은숙 작가님의 필력 때문인 듯하다.

'일이 아닌 데다 에너지를 들이는 것, 사람들은 그런 것을 가리켜 흔히 사치라 한다. 그러나 어디 삶이 필수품만으로 이루어지는가. 살아가려면 간혹 이라도 사치품이 필요하다. 여유와 틈을 '사치'라고 낙인찍은 건 아닐까. 그렇게 사치라는 말은 '분수를 지켜라' 하는 말로도 바뀌어 우리 삶을 단속하고 있는 것은 아닐까. 필요해서가 아니라 즐거워서 힘을 쓰는 일이 사치라면, 난 내 힘을 하늘을 들어 올리는 데 쓰는 사치를 마음껏 부릴 것이다.'
지구를 버티듯, 체스트프레스라는 부분에 나오는 글이다.

책 속 필사하고 싶은 한 문장

인생에도 퍼스널트레이닝같은게 있다면 얼마나 좋겠는가. 아니지. 서로가 서로의 PT가 되어주니 살아가는 것이겠지.

3. 어쩌면 적은 투자

김연아 선수 vs 역대 피겨 여왕

김연아 선수가 여자 피겨 선수 중 최고로 평가받는 이유는 기술성과 예술성을 고루 갖추었기 때문이라고 한다. 과거 역대 피겨 여왕들과 비교되는데, 흥미로운 사실은 역대 피겨 여왕들이 과거로 갈수록 실력이 형편 없어 보인다는 것이다. 과거 선수들이 지금 시대로 돌아온다면 국가대표는커녕 지역 예선도 뚫기 힘들어 보일 정도다. 그런데 이런 현상은 스포츠에서는 매우 전형적인 모습이라고 한다.

1908년 하계 올림픽 남자 다이빙에서 한 선수가 공중 2회전을 돌다가 큰 사고가 날 뻔했다. 이후 다이빙에서 공중 2회전 돌기는 매우 위험하니 선수들이 하면 안 된다는 전문가들의 권고까지 있었다. 하지만 지금은 어떻게 바뀌었을까? 10살 선수도 2회전은 가뿐하게 돌고 고등학생 선수들은 4회전 이상을 돈다. 음악도 심지어 마찬가지다. 100년 전 천재 피아노 연주가로 여겼던 인물이라도 현재에 오면 피아노 전공 고등학생보다 연주를 못할 가능성이 크다.

의식적인 연습이란

『완벽한 공부법』 노력 편에서는 이러한 이유를 '의식적인 연습'이라고 표현하며 공부와 연계해 7가지로 특징을 설명한다.

1. 일정 수준 이상 체계적으로 정립된 방법론으로 연습한다.
2. 자신의 능력보다 조금 더 어려운 작업을 지속해서 한다.
3. 구체적이고 명확한 목표로 연습한다.
4. 신중하고 계획적이다.
5. 기초를 충실하게 마스터한다.
6. 피드백에 따라 행동을 변경한다.

난 이것을 운동과 연결 지어 생각해 보았다.

1. 무작정 연습하는 것보다는 체계적인 방법으로 운동해야 한다.
2. 자신이 할 수 있는 동작보다 조금 더 어려운 동작과 무게를 지속적으로 해야 한다.
3. 대충하기보다는 구체적이고 명확한 목표로 운동한다.
4. 운동도 신중하고 계획이 필요하다. 그렇지 않으면 다친다.
5. 운동도 기초가 중요하다. 스트레칭도 배워두는 게 좋다.
6. 트레이너로부터 피드백을 받아 동작을 변경해간다.

체계적으로 배우며 의식적으로 연습한다면

개인 트레이닝을 통해 새롭게 배우기 시작한 운동은 의식적인 연습을 가능하게 했다. 얼핏 보면 다 아는 동작 같았지만 근육 타깃점을 알고 동작에 집중하면 몸이 뜨거워졌다. 이게 뭐라고 땀이 나는 건가 싶었다. 긴 봉을 잡고 엉덩이를 뒤로 살짝 보내며 양쪽 무릎을 굽히는 동작인 '스티프 데드리프트'가 특히 그랬다. 옆에서 보면 그냥 봉 잡고 상체 굽히면서 무릎 살짝 접는 게 전부인 동작이 말이다.

대충 한 시간 설렁설렁 헬스장 왔다가 갈 생각이라면 PT는 시작하지 않았을지도 모른다. 그렇다. 누구에게나 정답은 아닐 수 있다. 그냥 찍고만 가도 좋은 게 헬스장이다. 뭘 그렇게 동작을 배우면서까지 해야 하냐고 묻는다면 그럴 수 있다.

그것도 아니라면 아직 경험해보지 않아서일지도 모른다. 세상엔 한 번도 경험해 보지 못한 사람은 있어도 한 번만 해본 사람은 없다고 하지 않던가. 나에겐 피아노가 그랬고 등산이 그랬고 책이 그랬다. 한번 궤도에 올려놓으니 언제든 다시 하고 싶어졌다. 40대에 만난 PT도 그랬다. 인생에서 해본 몇 가지 취미생활 중에 어쩌면 일대일 트레이닝 수업이란, 아주 적은 비용과 시간의 투자일지도 모른다는 생각이 들었다. 물론 나의 목표가 김연아 선수까지 되기는 아닐지라도 말이다.

어차피 운동하라고 해도 안할 너에게

박홍균 저 | 이비락출판사 | 2024

이 책은 형식이 독특하다. 30대였던 과거의 내가 묻고, 60대인 현재의 내가 대답해 주는 방식이다. 10년 전, 20년 전으로 돌아갈 수 있다면 나에게 어떤 이야기를 들려주는 게 좋을까.

박홍균 작가는 과거의 자신에게 운동으로 건강을 챙기라는 말을 꼭 해주고 싶었다고 한다. 건강이 곧 행복임을 알았기 때문이다. 60대에 음악 줄넘기를 시작으로 운동을 제대로 접하게 된 작가는 육체적인 변화를 통해서 정신적인 변화까지 함께 바뀌었다고 이야기한다. 체력이 좋아지니까 무엇이라도 할 수 있다는 느낌이 들었다는 것이다. 구구절절 와닿는 말이다.

책 속 필사하고 싶은 한 문장

60대인 내가 30대인 나를 만날 수 있다면 꼭 해주고 싶은 말은 운동으로 건강을 챙기라는 말이다.

4. 불금은 헬스장에서

5년 된 루틴

매주 금요일 저녁 8시, 헬스장에서 PT를 받는다. 5년 된 루틴이다. 헬스장에서 처음 근력 운동을 시작했을 때는 일주일에 2번 PT를 받았다. 개인 운동은 별도로 다른 요일에 했다. 요즘 PT 수업은 일주일에 1번으로 줄이고 개인 운동 시간을 늘리고 있다.

헬스장에서 혼자 운동할 때는 주로 배운 걸 복습한다. 트레이너와 함께했던 동작을 연습하기도 하고 그날 쑤시고 불편한 몸을 움직여주기도 한다. 주변 지인으로부터 "왜 아직까지 PT를 받으세요?"라는 질문을 종종 받곤 하는데 질문한 사람이 누구냐에 따라 긴 답변이 되기도 하고 의외로 단답

형의 간단한 답변을 할 때도 있다. 헬스도 그렇지만 특히 PT란 해보지 않고서는 알 수 없는 영역이기 때문에 상대에 따라 조금 다른 이야기를 할 수밖에 없다.

P가 J의 장점 차용하기

하루는 무수한 선택으로 이루어져 있다. 내가 선택한 하루들이 모여 일주일이 된다. 개인 영역에서는 전형적인 P 유형인 내가 일주일에 5일 출퇴근하는 직장인의 삶을 살아내기 위해 선택한 방법은 계획형 J의 장점을 차용하는 거였다. 그 방법 중 하나가 루틴 만들기다.

P 유형의 유연한 삶을 사랑하지만 다른 사람과 합을 이루어가야 하는 사회생활에서는 자칫 단점이 될 수도 있기 때문에 선택한 방법이다. 계획적인 사람인 것처럼 흉내 내기에 가장 좋은 방법은 루틴을 만들어 공식 일정처럼 세팅해 놓는 것이다. 어쩌면 그날그날 어디로 튈지 모르는 나 자신을 다독이기 위한 방법이었는지도 모르겠다.

'우리는 반복적으로 하는 것에 의해 형성된다. 그러므로 탁월함은 행동이 아니라 습관이다.'

고대 그리스의 철학자 아리스토텔레스가 한 말이다. 탁월한 사람이기 때문에 대단한 일을 하는 것이 아니라 작은 일이라도 반복하다 보면 탁월한 사람이 된다는 것이다. 탁월함까지는 바라지 않았다. 9시에서 6시까지 근무하는 사무실에서는 무슨 일이 일어날지 모른다. 내가 통제할 수 있는 시간은 극히 일부분이다. 워낙 변화무쌍한 시간일 수 있기 때문에 최대한 고정 세팅값이 필요하다. 오늘 하루는 내 마음대로 안 되더라도 어느 정도의 고정 세팅값이 있어야 나머지 시간을 차분하게 일주일, 그리고 한 달을 살아낼 수 있다.

하루 중 우리는 어떤 선택들을 하고 있을까?

박은지 트레이너가 쓴 『여자는 체력』에서 최근 다시 다이어트를 결심한 어느 여자 회원의 하루가 등장한다. 여자 회원은 수지다. 수지가 아침부터 잠자리에 들 때까지 선택해야 하는 질문들이 담겨있는데 우리의 하루 모습과 크게 다르지 않다는 생각이 들었다.

- 아침 자명종 소리에 눈이 떠졌다. 저녁에 회의가 있어서 운동할 시간이 아침밖에 없는데, 자리를 박차고 일어날까? 피곤하니까 좀 더 잘까?

• 아침에 운동을 심하게 하면 종일 힘들 텐데, 운동을 얼마나 할까?

• 피트니스 재등록할 때가 됐네. 지금 하는 운동을 계속할까, 다른 곳을 알아볼까?

• 출근 전이라 바쁜데, 우유에 시리얼을 말아 먹을까? 시간이 조금 걸려도 건강 식단대로 차려 먹을까? 아예 먹지 말까?

• 걷기 편한 신발을 신을까, 회의가 있으니 구두를 신을까? 구두를 들고 가서 회의 때만 신을까?

• 회사 갈 때 한 정거장 앞에 내려서 10분이라도 걸을까, 그냥 회사 앞까지 갈까?

• 점심은 뭘 먹을까?

• 회사 동료들과 카페에 왔는데, 뭘 마실까? 디저트를 먹을까 말까?

• 점심시간 끝나기 전에 스트레칭할까? 5분이라도 산책을 할까?

• 단 게 당기니까 과자를 먹을까?

• 과자 대신 먹을 견과류를 주문할까?

• 저녁에 김밥 먹으면서 회의하자고 한다. 마요네즈가 걸리지만 참치라는 단백질이 있는 참치김밥을 먹을까?

• 회의가 끝나니 밤 9시가 넘었다. 택시를 탈까, 지하철을 탈까?

• 저녁을 부실하게 먹었더니 배고프네. 뭐라도 먹고 잘까, 그냥 잘까?

• 냉장고에 있는 맥주 한 캔을 마셔 버릴까?

• 자기 전에 휴대전화나 TV 좀 볼까? 그 전에 내일 아침에 바로 먹을 수 있게 샐러드를 만들어 놓을까?

무심코 지나쳤던 머릿속 선택을 나열하니 이만큼이다. 대체 오늘도 우리는 얼마나 많은 선택을 하며 살아가고 있는 걸까?

루틴은 머리 쓰는 일을 줄여준다.

매일 해야 하는 수십 가지 선택 중 몇 가지만 미리 세팅해 놓아도 여유가 생긴다. 직장인이면서 여러 가지 취미를 가진 사람이 바빠 보이지 않는 이유는 이미 습관으로 자리 잡았기 때문인지도 모른다. 좋아하는 일이 해야 하는 일이 되어 습관으로 자리잡았으니 생각할 필요가 없다. 그냥 하면 된다.

나는 매주 금요일 저녁 8시엔 PT 수업을 받는다. 매주 일정한 루틴이다. 하루하루 다른 선택을 하는 것도 좋지만 요일별로 루틴을 만들어놓으면 일상이 정돈된다. 나에게 있어 일주일에 1번 받는 헬스 트레이닝은 점진적 과부하의 시간이다. 점진적 과부하란, 우리 몸은 익숙한 자극에 금방 적응하는 성질이 있는데 여기에 초과 자극을 주어야만 성장한다는 의미다. 어제보다 조금 더한 무게나 횟수로 근육을 자극해야 몸이 정체되지 않고 어제보다 조금 더 성장한다는 트레이닝 방법 중 하나다.

나는 점진적 과부하를 내 인생 살아가는 한 방법으로 삼기로 했다. 일주일에 한 번 있는 PT 시간은 여러 가지로 나를 잘되게 해 주었다. 내 몸을 건강하게 일으켜 세워주고 일상을 정돈시켜 주고, 삶을 바로 잡아주었다. 5년째 금요일 저녁 8시면 어제보다 한 뼘만 더 성장한다는 마음으로 헬스장으로 향한다.

여자는 체력

박은지 저 | 메멘토 | 2019

난 여자의 삶이 궁금하다. 『여자는 체력』은 박은지 트레이너의 첫 책이다. 여자 트레이너가 쓴 책이라니 뭔가 반가웠다.

어릴 적 비만인 몸 때문에 체육 시간이 제일 싫었던 아이가 어떻게 운동을 만나 인생이 바뀌게 되었는지 모두 담겨있다. 여자가 많이 없던 운동 환경에서 예상치 못한 일들을 접하면서도 결국 건강운동관리사가 되기까지의 과정이 담겨있다.

여성 회원들이 많이 없던 그 당시 운동센터 일화를 소개해줄 때는 내 일처럼 화가 나기도 했다. 결국 여성들이 편하게 운동할 수 있는 공간을 만들어내고 운영하는 박은지 작가님이 자랑스럽게 느껴진다.

책 속 필사하고 싶은 한 문장

체력이 떨어지는 건 면역력이 떨어지는 것과도 같다.

5. 근육 만드는 방법

통증 덕분에 만난 근육

왼쪽 무릎이 시큰거렸다. 운동을 시작하고 몇 달쯤 지났을 때였다. 걸을 때마다 무릎에서 삐그덕거리는 소리가 났다. 무게를 좀 올려 바벨을 어깨에 얹을라치면 바벨의 온 무게가 무릎으로 내려앉는 듯했다. 혼자 운동을 하며 일주일 정도 지켜보다 금요일 저녁 PT 시간에 만난 트레이너 쌤에게 무릎 상태를 이야기했다.

왼쪽 무릎 앞뒤를 눌러가며 상태를 확인하더니 무릎 주변 근육을 강화하는 게 좋겠다고 했다. 힘줄과 인대, 뼈 사이 마찰로 인해 나는 소리인데 지속적으로 방치하면 연골 손상과 염증을 일으키니, 주변 근육 강화를 통해 문제를 해결해

보자고 했다.

무릎이 아픈데 주변 근육을 강화한다고?

무릎 주변엔 어떤 근육들이 있는 거지? 어떤 근육들을 어떻게 강화하는 거지? 하는 생각이 들었다. 그러면서 나는 그동안 내 무릎 주변에 어떤 근육이 있는지도 모르고 살았구나 싶었다.

PT 수업을 1주일에 한 번씩이라도 놓치지 않고 받으려는 이유는 바로 이런 순간 때문이다. 몸 상태는 매일 바뀐다. 상태가 바뀔 때마다 운동 멘토의 도움을 받아 몸을 교정할 수 있다. 무릎뼈의 표면은 연골로 덮여 뼈끼리 직접 닿지 않게 되어 있지만 노화나 비만, 근력저하로 무릎 연골이 마모되면 뼈끼리 닿아 통증이 유발된다고 했다.

운동 부족으로 무릎 주변 근육과 인대들이 퇴행하고 약해져 결국에는 관절 내부에도 영향을 미치게 되는데 이렇게 되면 무릎 관절 안에 염증이 생기고 물이 차거나 붓는 퇴행성 변화가 일어난다는 것이다.

결국 무릎 관절이 닳아 아프다는 것은 원인이 아니라 결과였다. 무릎 관절에 문제가 생겨 아픈 것이 아니라 무릎 주변 약해진 근육과 인대를 오랫동안 방치했기 때문에 관절에 문제가 생긴 거였다. 무릎 주변 근육을 강화하기 위해 대퇴사두근, 허벅지 강화 운동을 해 보자며 레그 익스텐션 기구 앞으로 데려갔다. 레그 익스텐션 머신에 앉아 발을 패드 아래에 넣고 시작하려 하는데 매일 보던 기구가 다르게 보였다. 아플 때 만난 머신은 운동 목적이 아닌 치료용으로 느껴졌다.

여자에게도 중요한 근육

여자는 근육이 필요 없다고 생각하는 사람이 있다. 나도 불과 몇 년 전까지 그렇게 생각했다. 내 생각을 완벽하게 바뀌게 해 준 건 희한하게도 만화책이다. 유기 작가의 『여성전용헬스장 진달래짐』. 네이버 웹툰에서 연재되다 단행본으로 나온 책인데 제목대로 여성 전용 헬스장을 배경으로 하고 있다.

무려 단행본 4권으로 연결된다. 유기 작가의 경험담 같았다. 그렇지 않고서야 내용이 이렇게까지 디테일할 수가 있나 싶었다. 이건 분명 헬스장 좀 다녀본 사람의 글이었다.

『여성전용헬스장 진달래짐』 주인공 나리씨는 공무원이다. 민원실에서 근무한다. 운동을 만나기 전에는 사무실에서 앉아 있을 때 허리가 구부정했는데 '운동을 시작한 이후 허리가 펴진 상태로 유지가 되더라'라는 부분이 나왔다. 그러면서 설명해 주는 근육이 '복근'이다. 허리가 펴진다고 하니 허리 근육이라고 생각하기 쉽지만 여기서 설명해 주는 근육은 코어 근육이다.

코어란 '중심부, 핵심적인, 가장 중요한'이라는 뜻을 가지고 있다. 우리 몸의 중심인 복부, 허리, 골반은 상체와 하체를 연결하는 중요한 다리 역할뿐만 아니라 몸 전체의 안정성 확보를 담당한다.

코어 근육 4가지를 합쳐 코어박스(Core box)라고 부른다. 4가지 근육은 척추다열근, 횡격막, 복횡근, 골반기저근이다. 몸의 중심을 안정화시켜 주는 기둥 역할을 한다. 이쯤 되면 궁금해서 근육 이름을 검색해 보게 된다. 내 몸이 이런 근육들로 구성되어 있었구나 하는 생각을 하며 그동안 몸에 대해 얼마나 무지했었나 또 한 번 깨닫는다. '몸 기둥을 바로 세우면 마음 기둥도 튼튼해지겠구나.'라고 막연하게 가지고 있던 생각이 점점 확신으로 바뀌는 순간이다.

초과 회복 능력이란?

그렇다면 근육은 어떻게 만들어 나갈 수 있을까? 하루 운동하고 말게 아니라면 매일 조금이라도 근육을 쌓아가는 방법이 궁금했다. 일할 때도 그랬다. 직업 성격상 2년에 1번씩 부서 이동을 해야 하다 보니 매번 모르는 업무를 해야 한다는 게 부담스러울 때가 있다. 직장 생활을 한 지 5년 차쯤 되었을 때 특히 고민이 깊었다. 대체 어떤 업무를 하면 실력을 쌓아가는 기분이 들 수 있을까. 그러다 만난 업무가 회계였다. 다른 업무를 할 때는 무언가 성장한다는 느낌보다는 매번 새로운 걸 조금씩 배운다는 기분이었는데 회계 업무는 달랐다. 느리지만 아주 조금씩이라도 무언가 성장하는 느낌이 들었다.

예산 회계 업무를 한번 제대로 알고 나니 어떤 부서에 배치되든지 도움이 되었다. 새로운 업무에 대한 두려움도 어느 정도 사라졌다. 무언가를 할 때 쌓여가며 성장하는 기분. 근육을 키워나가면서도 그런 기분이 들고 싶었다.

운동을 하며 근육 공부를 하다 '초과 회복 능력'이라는 단어를 만났다. 초과 회복 능력이란, 운동 후 신체가 회복하는 과정에서 발생하는 현상을 말한다. 운동으로 인한 피로와 손상에서 회복한 후, 이전의 상태보다 더 높은 수준으로 체력이 향상되는 과정이다. 초과 회복 능력은 간단히 4가지로 설명할 수 있다.

초과 회복 능력 4단계

- 운동: 강도 높은 운동을 수행하면 근육에 미세한 손상이 발생하고, 에너지 저장고가 고갈된다. 이로 인해 피로가 쌓이고 운동 능력이 일시적으로 감소한다.

- 회복: 운동 후, 신체는 손상된 근육을 복구하고 에너지를 재충전하기 위해 회복 과정을 시작한다. 이 과정에서 단백질 합성이 증가하고, 에너지 저장고가 보충된다.

- 초과 회복: 회복이 완료된 후, 신체는 이전의 상태보다 더 높은 수준으로 적응하게 된다. 근육의 크기와 힘이 증가하거나 지구력이 향상되는 형태로 나타난다. 이 단계에서 운동 능력이 향상되며, 이는 초과 회복이라고 불린다.
- 재훈련: 초과 회복이 이루어진 후, 적절한 시점에 다시 운동을 시작하면, 신체는 다시 한번 자극을 받아 새로운 적응을 하게 된다. 이 과정을 반복함으로써 지속적인 체력 향상이 이루어진다.

초과 회복 능력을 극대화하기 위해서는 적절한 운동 강도, 충분한 회복 시간, 영양 섭취가 중요하다. 과도한 운동이나 회복 시간 부족은 초과 회복을 방해하고 오히려 피로와 부상의 위험을 증가시킬 수 있다. 초과 회복 능력이라는 단어를 만난 순간 머리가 맑아졌다. 이대로 실행만 하면 되겠구나 싶어서였다.

근육도 공부해야 한다. 공부하면 머리가 정리된다. 머리가 맑아지면서 삶이 정돈된다. 몸을 공부하고 싶은데 어떻게 해야 할지 모르겠다고? 근육을 공부하면 된다. 내가 근육을 공부한 방법은 크게 3가지였다. 근육 그리기 숙제, 바디프로필 찍어보기, 생활스포츠지도사 자격증 공부하기. 이 3가지에 대한 자세한 이야기는 3장에서 이어가 보기로 한다.

여성전용헬스장 진달래짐

유기 저 | 문학동네 | 2022

'중량을 잘 들게 되면 인생의 무게 따위 아무것도 아니게 될 겁니다.'

만화 속 여자 헬스 트레이너가 계나리라는 새내기 공무원에게 해 주는 말이다. 여자에게도 중량 드는 운동이 필요할까? 지금은 당연히 필요하다고 생각한다. 하지만 불과 몇 년 전까지 나도 뭐 그렇게까지 필요할까? 라고 생각했었다.

계나리는 옥탑방을 계약해서 자취를 시작했다. 직장 생활도 시작했겠다 독립의 단꿈에 젖은 것도 잠시, 알 수 없는 소음에 시달리다 아래층에 헬스장이 있다는 걸 알게 된다.

얼떨결에 헬스장에서 근력 운동을 접하게 된 헬스 초보 계나리를 따라가다 보면 나도 모르게 몸이 막 움직인다. 내가 알던 스쿼트와 어떤 차이가 있는지 몸이 먼저 궁금해 반응한다.

책 속 필사하고 싶은 한 문장

운동은 체형뿐 아니라 삶의 전반에 영향을 미친다.

6. 다이어트보다 근력 운동

"전 55살인데 PT를 받아도 괜찮을까요?"

오늘 만난 지인이 나에게 물었다. 알고 지낸 지 6개월밖에 되지 않았지만 내가 오랫동안 운동을 해 왔다는 걸 알고 있어서 그런지 불쑥 PT 질문을 했다. 무언가 오늘 계기가 있었던 모양이었다.

그런 질문은 다른 지인들에게도 종종 듣는 질문이라 대수롭지 않게 대답했을 수 있지만 오늘은 달랐다. 나는 정말 그분의 건강이 좋아지기를 바란다. 그래서 진심을 다해 대답했다.

"그럼요. 당연하죠. 55살이면 PT 시작하기 딱 좋은 나이 같아요. 나이가 들어갈수록 근력은 약해질 텐데 근력 운동을 지금 시작해서 70~80대까지 한다고 생각하면 55살은 시작하기에 딱 좋은 나이죠. 처음 가는 헬스장은 낯설 테니 꼭 PT 수업으로 시작해 보세요. 크든 작든 인생이 바뀔 거예요. 제가 그랬거든요."

그랬더니 이런 이야기를 이어서 들려준다.

"안 그래도 오늘 친구 카톡 프로필에 바디프로필 사진이 올라와 있는 거예요. 최근 3년 동안 떨어져 있어서 연락을 안 했다고는 하지만 몸이 너무 변해서 깜짝 놀랐어요. 못 알아볼 정도였으니까요. 운동과는 전혀 상관없던 친구였거든요. 근력도 없고 비실비실했었어요. 그동안 못 본 사이에 무슨 일이 있었던 거냐고 톡을 보냈더니 바로 전화가 왔더라고요. 그러면서 하는 말이 PT를 받으며 근력 운동을 시작했대요. 매일 헬스장을 간대요 글쎄. 요즘도 하고 있는데 너무 좋다는 거예요. 몸도 좋아지고 건강도 몰라보게 달라졌다며 저더러 꼭 해보라고 하더라고요. 그래서 오늘 은희 씨 만나면 제대로 물어봐야겠다고 생각했어요."

잘 생각하셨다고. 꼭 시도해 보시라고. 저 또한 PT 받고 몸도 건강해지고, 마음도 좋아졌다고. 일은 쉬워지고, 책도 쓰고, 강의도 하면서 살아가고 있다고. 이 모든 걸 하고 있지만 하나도 힘들지 않은 삶으로 바뀌었다고. 이렇게 살 수 있는 힘은 아무리 생각해도 체력 덕분이라고. 그러니 PT 받고 꼭 체력 키우셔서 건강해지셨으면 좋겠다고 말씀드렸다.

평소보다 더 눈이 초롱초롱해지면서 알겠다고 해 보겠다고 했다. 다음 주 수요일에 만나면 진행 상황을 슬쩍 물어볼 생각이다. 부디 동네 헬스장을 방문해 보셨기를 바라며...

(덧붙이자면)
다음 주에 만난 지인은 동네 헬스장 3곳을 각각 방문해 보고 가장 맘에 드는 곳을 찾았다며 약간 흥분된 목소리로 소식을 전해줬다. PT 수업을 일주일에 2번씩 하기로 했는데 너무 기대되고 신난다는 것이다. 왜 이제야 할 생각을 했는지 모르겠다는 이야기도 전해줬다.

핵심은 근육이다.

50대 언니들의 이야기를 들어보면 50대의 몸은 40대 때와는 또 다른 것 같다. 다른 건 몰라도 근육은 점점 더 빠져 있을 가능성이 높다. 그렇다면 운동은 어떻게 하면 좋을까? 운동의 목표는 무엇이 되어야 할까? 무엇을 위해 운동을 해야 할까? 어떻게 해야 몸이 좋아질까?

방법은 의외로 간단하다. 체지방을 줄이고 근육을 키우면 된다. 핵심은 근육이다. 그런데 왜 근육이 중요할까? 나이가 들면서 몸무게는 느는데 근육은 줄기 시작한다. 젊어서는 성장호르몬 덕분에 근육이 저절로 생기지만 운동량이 줄면서 근육은 줄어든다. 근육이 있어야 힘을 쓸 수 있다. 근육이 힘이다.

나이가 들면서 근력 운동을 별도로 하지 않으면 대부분 체지방이 많고 근육은 부족한 몸이 된다. 체지방이 쌓이는 배와 옆구리는 삼겹이 되고 팔다리는 가늘어진다. 남들도 다 그렇겠지라며 당연하게 생각하며 살아간다. 별생각 없이 살아가는 삶이 한 달이 되고 한 달이 두 달되고, 두 달이 금방 1년 되고 2년이 된다. 10년은 금방 20년이 된다.

하지만 운동을 생활화하지 못한 사람이 모르는 사실이 있다. 탄탄해 보이는 몸을 가진 사람은 타고난 몸으로 사는 것 같지만 실제로는 자기만의 보이지 않는 노력을 하고 있다는 것이다. 말하지 않을 뿐이다.

다이어트 한다는 생각으로 운동을 하기보단 체력을 키운다는 목표로 운동을 시작하는 게 좋다. 왜냐하면 다이어트가 목표였다면 살을 한번 빼보고 목표가 금방 사라져 허탈감에 빠지기 때문이다. 그때 요요가 온다. 하지만 근력 운동을 하며 체력을 키우는 게 목표라면 다이어트는 과정일 뿐이라는 생각에 가볍게 지나갈 수 있다. 평생 체력 키우는게 목표면 된다.

헬스장을 운영하며 글을 쓰는 트레이너가 있다.

나는 운동하는 여자에게 관심이 많다. 특히 근력 운동을 하는 여자에게. 게다가 글도 쓰고 근력 운동도 하는 여자라면 완전 궁금해진다. 『다이어트보다 근력 운동』을 쓴 박은지 작가가 그랬다. 트레이너이면서 책도 여러 권 쓴 작가라 멀리서 혼자 궁금해하고 있었는데 우연한 기회에 마주치게 되었다.

사촌 형부가 주연으로 나오는 연극 공연을 보러 갔다가 사촌 언니 지인으로 박은지 작가님이 함께 온 것이 아닌가...

나도 모르게 "어머~ 박은지 작가님 아니세요?"라며 큰소리로 아는 척을 했다. 내게는 트레이너가 아닌 책으로 만난 엄연한 작가님이었기 때문에 작가님이라고 크게 반가운 척을 해 버렸다. 옆에 있던 사촌 언니의 눈이 커졌고 작가님은 자신을 어떻게 한눈에 알아보냐며 깜짝 놀랐다.

"어떻게 알아보긴요. 제가 작가님 인스타에서 작가님 자주 보고 있었거든요."

나도 이미 책을 출간한 작가지만, 나는 여전히 작가를 만나면 연예인을 만난 것처럼 반갑다. 게다가 운동도 하고 글도 쓰는 작가는 내게 탑 연예인이다.

박은지 작가는 책 속에서 '내 몸은 트레이너보다 내가 더 잘 알아야 한다.'고 했다. 난 이 말에 너무나 동의한다. 위에서 55살인데 PT를 받아도 괜찮겠냐는 지인의 물음에 꼭 PT를 받으며 운동을 시작하시라고 말씀을 드리긴 했지만 최종적으로 내가 드리고 싶은 말은 이거다. 운동은 트레이너보다 내 몸을 내가 더 잘 알기 위해 필요하다고. 그리고 제대로 된 운동 방법을 익혀서 다이어트를 넘어 근력 운동이 생활화되셨으면 좋겠다고 말이다.

다이어트를 넘어 근력 운동으로

물론 운동 초반엔 살을 빼야 한다. 그래야 운동할 맛이 난다. 하지만 정작 살은 먹는 양을 줄여야 빠진다. 운동하면서 더 먹으면 아무 소용이 없다. 아무 소용이 없지는 않겠지만 다이어트에는 효과가 없다. 다이어트는 식단이다. 먹는 걸 조심해야 한다. 살이 빠져야 몸이 변한다. 몸이 변해야 운동도 재밌어진다. 그래서 운동 초반엔 식단도 함께 해 주는 게 좋다. 트레이너가 식단도 봐주고 운동도 도와준다면 금상첨화다.

하지만 트레이너는 어디까지나 트레이너다. 내 인생은 내가 책임져야 한다. 식단도 운동도 내가 주체적으로 이끌어 가야 한다. 트레이너는 도와주는 사람이라는 것을 잊어서는 안 된다.

다이어트보다 근력 운동

박은지 저 | 동양북스 | 2021

『여자는 체력』을 쓴 박은지 트레이너의 두 번째 책이다. 이 책을 한마디로 표현하자면 제대로 운동하고 싶은 여성들을 위한 근력 운동 바이블이다. 여성의 몸에 맞는 운동은 따로 있다는 것이다.

이 책에는 그림으로 동작들이 쉽게 설명되어 있어 눈으로 보고 상상하면서 연습해보기 좋다. 당신은 어떤 몸이 되고 싶은가? 그런 몸을 가지기 위해서는 무슨 운동을 어떻게 시작하면 좋을까? 근육 운동을 하기로 맘 먹었다면 근육이 무엇이고 어떤 성질을 가졌는지 알아야 한다고 박은지 트레이너는 말한다.

어떤 원리로 근육이 생기고 강해지는지를 알아야 원하는 몸에 부상 없이 안전하게 도달할 수 있다는 것이다. 근육과 몸에 대한 기초 지식은 목적에 따라 어떤 운동을 해야 하는지 알려준다.

책 속 필사하고 싶은 한 문장

내 몸은 트레이너보다 내가 더 잘 알아야 한다.

7. 결심을 버릴 수 있는 시간

"회원님 오늘 컨디션은 어떠세요?"

PT 수업 전 트레이너 쌤이 항상 묻는 말이다. 나는 PT를 받는 날에는 운동할 컨디션을 준비해서 가려고 노력하는 편이다. 가능하면 당일 날엔 속에 부대끼는 것도 잘 먹지 않고 전날엔 잠도 푹 잔다. 출장이 늦어질 것 같으면 1시간 조퇴를 쓰고서라도 집에 여유롭게 도착해 운동하러 갈 준비를 한다. 그래서 트레이너가 운동 시작 전 내 컨디션 상태를 물어볼 때마다 좋다고 말하는 편이지만 가끔 불편한 곳을 이야기할 때가 있다. 손목이 아프다. 무릎이 시리다. 조금 피곤하다 등등. 그러면 트레이너 쌤은 곧바로 운동에 돌입하지 않고 아픈 부위를 더 자세하고 꼼꼼하게 물어본다.

손목이 아프다고 할 때는 병원은 다녀왔는지, 언제부터 아팠는지, 아픈 느낌은 어떤지, 냉찜질은 평소에 하고 있는지 물어본다. 귀로는 내 대답을 들으며 손으론 내 손목을 잡고 이리저리 돌려본다. 손을 가만히 둘 때와 돌릴 때 통증이 어떻게 다른지 묻는다. 손목 위쪽 근육인 전완근의 결 방향대로 꾹꾹 누르며 어느 부위를 누를 때 통증이 심한지 다시 한번 더 확인한다. 그리고는 간단한 진단을 내려준다. "손목을 굽히고 펴줄 때 사용하는 근육이 수축돼 있어서 손목을 사용할 때 피로감이 느껴질 수 있으니 자주 반대편 손으로 근육 결대로 마사지해 주세요." 한다.

수십 가지 결정으로 이루어진 하루

낮에 사무실에서 근무할 땐 수십 가지 결정을 해야 한다. 직원이 묻는 물음에 답변도 해 줘야 하고, 상사가 궁금해하는 사항엔 동향이나 타 지역 사례 등 현황 파악을 빠르게 해야 한다. 파악이 끝나면 A4 1장으로 보기 좋게 정리해 보고해야 한다. 근무시간에는 긴장을 놓을 수 없다. 잠시도 신경을 안 쓸 수 없다. 보고 중에도 상황이 조금씩 바뀔 수 있기 때문이다. 상사와 또 그 위 상사가 또 다른 의견을 추가했을 때는 계획서를 전면 수정해야 할 수도 있다. 의견이 추가될 때마다 어떻게 하는 게 좋을지 판단하고 방향을 다시 결정해서 팀원에게 피드백해 줘야 한다. 그래야 팀원은 보고서를 수정할 수 있기 때문이다.

무수히 많은 선택과 결정을 뒤로하고 퇴근 후 PT 시간은 머리를 잠시 쉴 수 있는 시간이다. 개인 운동을 하러 갈 땐 오늘 어느 부위를 할 건지 내가 직접 생각해야 한다. 1시간~2시간 가까이 되는 운동 시간을 어떻게 보낼지 구상해야 한다. 어떤 동작으로 시작해서 어떤 동작으로 마무리를 해 줄 지 간단하게나마 그려줘야 한다. 하지만 트레이너와 함께 하는 PT 수업은 다르다. 트레이너 쌤이 하자는 대로 몸만 움직이면 된다. 그렇게 편할 수가 없다. 낮에 실컷 움직인 머리는 잠시 멈추고 몸만 쓰면 된다는 생각에 가슴 벅차기까지 하다. 일적으로 머리를 쓰는 사람일수록 저녁엔 몸 쓰는 운동이 취미로 딱인 이유다.

결심에서 자유로워지는 시간

1주일에 1번, PT 수업은 결심에서 자유로워지는 시간이다. 헬스장을 드나든 지도 5년째가 되다 보니 헬스장도 익숙해졌겠다, 기구도 다 사용할 줄 알겠다, 그냥 혼자 운동하면 되지 않냐고 묻는 사람들이 있다. 물론 혼자 하면 된다. 할 수 있다. 그동안 배워 온 동작과 익숙해진 방법으로 운동하면서 2시간 정도를 채우는 건 어렵지 않다. 이 기구 저 기구 조금씩 깨작깨작. 폼롤러 위에서 스트레칭 조금. 러닝머신 위에서 유산소 운동 조금 하고 나면 2시간은 훌쩍 지나간다. 그렇다고 헬스장 공간이 편해진 건 아니다. 남자 회원들이 많은 헬스장은 여자 회원에겐 여전히 조금은 어색한 공간이다.

하지만 나는 조금 다른 의미를 부여하고 있다. PT 시간은 생각을 잠시 내려놓을 수 있는 시간이다. 물론 아무 생각 없이 시키는 대로만 몸을 움직이지는 않지만 오롯이 트레이너 쌤이 시키는 대로 몸동작에만 집중할 수 있는 시간이다. 시설이 호텔만큼 좋지 않아도, 남자 회원들이 많아서 조금 주목받는 것 같기는 해도, 십여 가지 단점이 작게 느껴질 만큼 당분간은 더 붙잡고 가고 싶은 시간이다.

하루 중 많은 선택과 결심에서 자유로워지는 시간. 그 어떤 생각과 고민을 하지 않아도 되는 시간. 온전히 트레이너 쌤이 시키는 대로 횟수를 채우고 나면 반가운 근육통을 만난다. 금요일 8시 PT 시간을 기다리며 평일이 바로 서고 주말마저 온전히 보내게 되는 시간. 결심을 버리고 온전히 충만해질 수 있는 시간으로 나는 이보다 더 좋은 시간을 아직 만나보지 못했다.

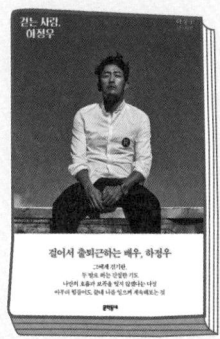

걷는 사람, 하정우
하정우 저 | 문학동네 | 2018

여기 시도 때도 없이 걷는 한 사람이 있다. 바로 배우 하정우다. 난 배우 하정우를 잘 몰랐다. 잘 모르니 무관심했다. 하지만 『걷는 사람, 하정우』를 읽고 나서 그를 알게 되었다. 알게 되니 좋아졌다. 한 사람의 삶 속에 걷기라는 종목을 들여놓는 순간 삶이 어떻게 정돈되는지 알게 되었다.

배우 하정우가 걷기를 한다는 사실보다 더 놀란 건 그의 글솜씨 때문이었다. 걸으면서 느낀 감정의 변화를 이렇게 말하듯 편하게 글로 옮겨놓았다니... 누가 옆에서 받아쓰기라도 해 준 걸까? 하는 상상마저 들게 했다. 배우로 활동하면서도 그림도 그리고 전시회도 하는 배우로 유명하다고만 생각했지, 글도 이렇게 맛깔나게 쓸 거라고는 생각 못 했었다. 평소에도 글을 쓰는 사람임이 틀림없다.

책 속 필사하고 싶은 한 문장

하루에 한 시간씩 나를 위해 걷는다는 건, 결국 내 삶을 존중하는 일이다.

8. 한계에서 1개 더

1개에서 1개 더

오늘은 덤벨 숄더프레스를 하는 날이다. 트레이너 쌤이 6kg짜리 덤벨 2개를 가져와 내 양손에 쥐어준다. 등이 비스듬히 세워진 벤치에 등을 기대고 앉는다. 엉덩이와 어깨는 의자에 딱 붙여준다. 등은 살짝 뗀다. 여기까지 하면 몸은 준비 완료. 이제 덤벨을 올려주기만 하면 된다.

양손에 쥔 덤벨을 먼저 무릎 위에 올려놓는다. 무릎으로 살짝 덤벨을 쳐주며 반동을 이용해 어깨까지 올려준다. 5kg 덤벨까지는 어깨까지 올려주는 게 가능한데 6kg부터는 무거워서 반동을 사용해야 한다. 양팔에 든 덤벨이 어깨 높이까지 올라갔다면 이제 덤벨 숄더프레스를 시작한다. 덤벨을 들고 양쪽 귀 옆에서 시작했다가 팔꿈치를 뻗어 머리 위까지 쭈욱 올렸다 내려주는 동작이다. 횟수가 올라가면서 어깨가 뜨거워지는 게 느껴지면 잘 하고 있는 것이다. 이제는 반복만 하면 된다. 15개씩 3세트.

트레이너는 동작을 잘 시작했는지 확인한 후 살짝 옆으로 떨어져 자리를 잡는다. 동작에 맞게 구령을 붙여준다.

"네~ 회원님. 아주 잘하고 계세요. 열두울... 열세엣... 네에, 2개만 더 할게요. 여얼네에엣... 여얼다서엇... 네에~ 마지막~! 1개만 더 할게요. 하나아아~ 네에~ 이제 내리시면 됩니다."

분명 15개씩 3세트 하기로 했는데 왜 정해진 갯수를 다 채우고도 꼭 1개씩 더 하라고 하는 걸까? 난 이유가 궁금했다. 대체 어떤 효과가 있길래 매번 하기로 한 횟수에서 1개씩을 더 추가하는 건지 말이다.

오래가 아니라 강하게

『헬스의 정석』에서 수피 작가는 근력 운동의 목적은 강도에 있다고 했다. 그가 주장하는 내용을 요약하면 이렇다. 운동에서도 오래 하는 만큼 이득을 보는 경우가 있지만 근력 운동은 '오래가 아니라 강하게'라는 것이다.

'같은 기술을 오래 반복하면 동작이 익숙해지고, 달리기를 오래 하면 지구력이 늘어나지만 근육 부피나 힘을 기르는 근력 운동은 오래 하는 것보다는 효율이 생명이다. 근육은 한계치를 넘는 자극을 받아 파괴되어야 휴식 시간 동안 재생되면서 커지고 강해진다. 살짝 높은 중량이나 쉼 없이 반복해 몰아붙이는 고반복 운동이 근력을 키우는 데 필요한 이유다.

운동은 노동이 아니다. 독서실에 오래 앉아 있다고 우등생이 되지 않는 것처럼 헬스장에 엉덩이 오래 붙이고 있다고 근육이 자라지 않는다. 때로는 그 반대다. 유산소 운동이든, 근력 운동이든 본 운동은 40분~1시간 정도로 정점을 찍어야 한다. 그보다 길어지면 역효과만 커지기 때문에 그날의 본 운동은 1시간 이내에 끝내는 것을 목표로 잡아야 한다.'

나도 근력 운동은 1시간 이내로 끝내려고 노력한다. 폼롤러로 스트레칭하거나 유산소 운동을 위해 러닝머신을 20분 더 타다 내려오면 1시간을 훌쩍 넘기기도 하지만 근력을 위한 본 운동은 40분에서 1시간만 집중한다. 더하려고 하면 운동이 아닌 노동이 되는 기분이 들기 때문이다.

한 번 더의 힘

한 번 더의 힘은 몸뿐만이 아니라 마음 영역에도 동일하게 적용된다.

에드 마일렛의 『'한 번 더'의 힘』(토네이도, 2022)에서 '한 번 더'라는 의미는 한 번 더 생각하라는 의미도 있지만 의식적으로 깨어있는 생각을 하라는 뜻으로 받아들여진다. 자기 삶을 주도적으로 살아가는 성공한 사람들은 자신의 모든 상황을 잘게 쪼개 각각의 문제를 어떻게 해결해 나갈지에 대해 고민한다. 한 번 더 생각하고, 한 번 더 결정하고, 한 번 더 시도하고, 한 번 더 수정한다. 그래야 비로소 더 깊고 더 넓어진 확장된 삶을 누리게 된다. 트레이너의 도움을 받아 나 혼자서는 들 수 없는 무게의 덤벨을 딱 1개 더 들어 올릴 때 그때가 바로 어깨 근육이 새로이 생성되는 지점이다. 혼자서는 절대 도달하기 힘든 곳, 운동 멘토의 도움으로 오늘도 그곳엘 다녀왔다.

헬스의 정석 (근력 운동 편)
수피 저 | 한문화 | 2023

헬스를 좋아해『헬스의 정석』이라는 책을 낸 사람이 있다. 그의 직업은 전문 운동인이 아닌 직장인이란다. 헬스를 한 지 25년이 되었다고 하니 나이도 꽤 있는 것 같다. 하지만 그의 책에는 옛날 방식의 운동이 아닌 최신 흐름을 반영하려고 노력한 흔적이 보인다. 최신 논문까지 섭렵해 가며 운동했다고 하니 이건 뭐 내가 도저히 따라갈 수 있는 수준이 아니다.

『헬스의 정석』이론 편과『헬스의 정석』근력 운동 편,『다이어트의 정석』,『홈트의 정석』을 쓴 수피 작가 이야기다. 공학도 출신으로 25년 이상 헬스, 수영, 마라톤 등 다양한 운동을 경험한 아마추어 운동인이라고 본인을 소개한다. 이만한 경력을 아마추어라고 표현하다니... 모르긴 몰라도 수피 작가도 운동만큼은 생업이 아닌 취미로 남겨두고 싶은 모양이다.

책 속 필사하고 싶은 한 문장

운동이란 내 몸이 어떻게 이루어져 있는지 알고 마음까지 이해하게 될 때 그때야 비로소 진짜 운동이 시작된다.

9. 운동 루틴을 인생 루틴으로

나는 요일별 저녁 스케줄이 정해져 있다.

화, 목, 금, 토요일에는 운동을 한다. 일주일에 4일은 하려고 노력하는 편이다. 평일 저녁은 요일별로 구분해 활용한다. 퇴근해서 집에 도착하면 저녁 7시가 된다. 그때부터 잠들기 전까지 시간 활용이 요일별로 다르다. 월요일은 휴식을 위해 특별한 일정 없이 비워놓는다. 그렇다고 마냥 누워있는 것은 쉰다는 느낌이 들지 않아서 그동안 못 본 책을 읽거나 글을 쓴다.

TV 예능이나 드라마를 보는 것보다는 책을 읽거나 글을 쓰는 게 더 휴식 같은 기분이 든다. 물론 나도 처음부터 그랬던 건 아니다. 언제부터 그랬었나를 생각해 보면 TV나 유튜브 영상을 보는 것은 내 의지가 아닌 흘러가는 시간이라는 생각이 들기 시작한 이후부터였던 것 같다. 하지만 책 읽기나 글쓰기는 달랐다. 내가 원하는 속도대로 책장을 넘기고 내가 원하는 템포에 맞춰 글로 펼쳐 놓을 수 있어서 좋았다. 아무래도 무얼하든 자기 주도적인 성향이 짙다 보니 무엇을 하든지 속도가 중요했다. 내가 조절할 수 있는 속도일 때 자유롭게 느껴진다. 근무 시간에는 내가 조절할 수 없는 상황이 대부분이다. 그 외 시간에는 내 마음대로 시간과 속도를 맘껏 조절하며 살고 싶다. 이렇게 월요일을 특별한 스케줄없이 비워놓으면 가끔 독서모임 같은 줌 미팅이 잡히기도 한다. 그럴 땐 즐겁게 월요일 일정으로 잡아준다.

매주 수요일은 마사지를 받는 날이다. 난 마사지를 좋아한다. 미용 효과로도 중요하지만 혈액순환을 위해서다. 대부분 얼굴 마사지를 받지만 등, 하체 등 그때그때 몸이 불편한 곳 위주로 다르게 예약해 놓는다. 물리치료를 받는다는 목적으로 회식 같은 특별한 일정이 없는 한 고정해 놓는 일정이다. 이렇게 월요일부터 금요일까지 세팅시켜 놓고 일요일은 온전히 하루를 비워 놓는다. 일요일은 룸메이트 신랑과 온전히 시간을 보내려고 노력한다.

집에는 우리 부부 단둘만 사는데 평일엔 각자 출퇴근하느라 바쁘다. 그래서 일요일은 부부가 온전히 함께하려고 노력한다. 평일 동안 긴 시간을 함께 하지 못한 보상으로 외식도 하고 드라이브도 한다. 집 옆 카페에 가서 못다 한 이야기도 나누고 책도 읽으며 놀다 오기도 한다. 팽팽한 고무줄처럼 긴장되게 달려온 일주일에 쉼표를 허하는 날이다.

운동하는 화, 목, 금, 토요일을 나눠보면 이렇다.

우선 월요일 저녁은 운동을 쉬었으니 화요일 저녁은 운동할 맛이 난다. 주말엔 달달한 것도 조금 먹어줬겠다 월요일 저녁엔 쉬기까지 했으니 화요일 저녁이 다가올수록 슬슬 운동이 가고 싶어진다. 마침, 화요일엔 트레이너 쌤도 다른 지점 근무로 없는 날이다. 마음껏 설렁설렁 헬스장을 누벼도 보는 사람도 없다. 화요일 운동은 이렇게 성공했다.

목요일 저녁이 다가오면 슬슬 꾀가 난다. 근력 운동은 수축과 이완을 반복해야 하는 동작이 많기 때문에 몸이 아직 받아들일 준비가 되지 않았다고 아우성을 친다. 목요일 퇴근 시간이 가까워지면 헬스장을 갈까 말까 하는 생각이 10분 간격으로 왔다 갔다 한다. 머릿속 천사와 악마가 대토론을 벌이는 기분이다.

 그래도 내일 금요일은 트레이너 쌤과 함께하는 PT 수업이 예정되어 있으니 목요일인 오늘은 예습 차원에서 미리 운동해 주는 게 좋다는 결론을 내린다. 아무래도 천사가 이긴 듯하다. 퇴근하자마자 맘이 바뀔까 싶어 가방만 내려놓고 의자에 앉기도 전에 운동복으로 먼저 갈아입는다. 이쯤 되면 목요일 운동까지도 성공이다.

 금요일은 룰루랄라 운동가는 날이다. 혼자가 아니라 운동 멘토와 함께하는 PT 수업이 있는 날이다. 아무 생각 없이 헬스장까지만 도착하면 성공이다. 이래서 운동은 운동화만 신으면 성공이라는 말이 있는 거구나 싶다. 헬스는 혼자 하는 외로운 운동이라지만 1주일에 한 번 나만의 운동 멘토와 함께 해 주면 즐거운 시간이 된다. 어떤 운동을 할지 고민하지 않아도 되니 몸만 준비해서 가면 된다. 이래저래 신나는 금요일이다.

 토요일은 특별한 일정이 없는 날엔 꼭 헬스장엘 간다. 평일 저녁과는 다르게 한산해진 주말 헬스장에서 운동하는 기분은 또 다른 맛이다. 헬스장에서 여유롭게 기구 만지는 재미가 쏠쏠하다. 토요일 일정이 생겨 운동을 못 하게 되면 일요일 오후에라도 간다. 주말 헬스장은 놀이동산 가서 줄 안 서고 놀이 기구를 타는 기분이다.

『몸이 먼저다』에서 한근태 작가는 저녁 시간을 확보하라고 했다. 그러면서 이런 이야기를 들려줬다.

"한국인은 열심히 일한다고 한다. 내 생각은 다르다. 열심히 일하는 게 아니고 '오래'일한다. 좋은 회사는 근무시간에 관한 간섭이 없다. 애들도 아니고 성인인데 알아서 하는 거다. 그래도 직원들은 자기가 알아서 업무에 올인한다. 나쁜 회사는 근무시간만 엄청 길다. 몸만 회사에 있지 업무에 몰입하지 못한다. 아니, 안 한다. 몰입을 하나 안 하나 별 차이가 없는데 무엇 때문에 그 긴 시간 집중해서 일하겠는가?

매력적인 회사를 만들기 위해서는 경영진들이 생각을 바꾸어야 한다. 일은 근무시간에만 하는 것이란 사실을 분명히 해야 한다. 쓸데없이 야근하는 사람들에게 오히려 불이익을 주어야 한다. 오래 일하는 사람이 충성스럽고 일 잘하는 사람이라는 생각을 버려야 한다. 그들에게 잃어버린 저녁을 돌려주어야 한다. 내가 바라는 대한민국 직장의 모습이다."

진짜 그렇다. 운동을 하기 위해선 어쩌면 운동 외 시간이 먼저 정돈되어야 하는지도 모르겠다.

운동 루틴이 삶의 닻이 되어주다

다행히 나는 어찌 되었든 7시엔 퇴근해서 집에 올 수 있는 직업을 가지고 있다. 특별한 행사가 있는 날엔 어쩔 수 없지만 그래도 거의 일정하다. 근무시간은 아침 9시에서 저녁 6시까지 8시간이지만, 출퇴근 시간까지 합치면 매일 10시간이다. 하루 중 10시간은 내 마음대로 할 수 없는 시간이란 의미다.

퇴근하고 저녁 7시부터 12시까지는 온전한 내 시간이다. 물론 씻고, 설거지하고 집 정리라도 할라치면 시간이 후딱 지나가 있다. 그래서 가능하면 평일 저녁엔 최소한 필요한 행동만 한다. 퇴근하고 씻기. 다음날 입을 옷 준비하기. 가방 챙기기 정도다. 평일 저녁에 꼭 해야 하는 최소한의 것들만 처리하고 나면 매일 저녁 2시간 정도는 만들어낼 수 있다.

평일 2시간이 내가 운동하는 시간이다. 화, 목, 금, 토 저녁 시간을 운동 시간으로 세팅하고 나면 무언가 삶이 어딘가에 단단히 묶여 있는 기분이 든다. 파도가 넘실거리는 바다에 튼튼한 닻을 내린 기분이라고나 할까... 낮엔 사무실에서 파도가 친다. 사람 풍랑이 불 때도 있고 예기치 못한 상황에 회오리바람이 불 때도 있다. 좌우로 몸이 흔들리지만 잡을 곳은 없다. 사람을 잡으려 했다간 같이 빠져버릴 수도 있기 때문에 조심해야 한다.

퇴근 후 2시간 운동 루틴은 내 삶의 닻이 되어 주었다. 넘실거리는 파도를 버텨 낼 지지대가 되어 주었다. 운동 루틴을 인생 루틴으로 가져갈 수만 있다면 요술램프 지니에게 소원이라도 빌고 싶은 심정이다. 요즘엔 PT 수업을 위해 1주일에 한 번 만나는 트레이너 쌤이 나에게 지니다. 그러고 보니 두 사람의 넓은 어깨가 닮았다.

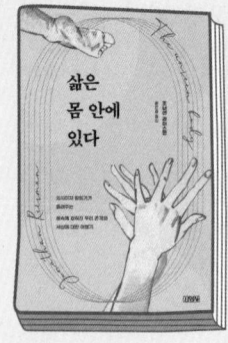

삶은 몸 안에 있다
조너선 라이스먼 저 | 김영사 | 2024

몸이 내 삶의 모든 걸 담아내고 있는 건 아닐까?란 생각을 해 본 적이 있다. 나의 상상을 실제 글로 펼쳐낸 작가 조너선 라이스먼은 작가이자 의사이자 탐험가다.

이 책을 어떤 장르라고 표현할 수 있을까? 우선 여행 이야기다. 인체의 신비와 질환을 탐구하는 여정은 해부용 시신의 몸속을 들여다보면서 시작되었다. 동시에 자신의 몸속 그리고 치료하면서 만난 환자의 몸속을 들여다본 경험이 모여 몸속 여행 탐험기가 되었다.

의사의 관점에서 특정 신체 부위나 체액에 관해 전해주는 이야기와 낯선 나라를 찾은 탐험가의 관점에서 색다른 광경과 독특한 관습을 겪은 이야기를 전해 들으며 흡사 내가 몸속 구석구석을 돌아다니고 있다는 착각마저 들게 했다.

책 속 필사하고 싶은 한 문장

운동하는 몸은 곧 나를 향한 탐험이다.

10. 돈 쓰는 곳에 내가 있다

난 사람들이 돈을 어디 쓰는지 꼼꼼히 보는 편이다.

소비를 어디에 하는지가 그 사람을 말해주기 때문이다. 얼마 전 방문한 바른자세척추운동(SNPE) 센터에서 원장님을 만나 이야기할 기회가 있었다. 얼굴에서 어찌나 광채가 나던지 센터를 운영하는 원장님인지 방금 막 운동을 끝내고 나온 회원인지 분간하기 힘들 정도였다. 땀을 살짝 흘리면서 상기된 표정으로 두 볼이 빨개져 있는데 그렇게 건강해 보일 수가 없었다.

수업을 마치고 잠시 이야기를 나눌 기회가 생겨 원장님의 과거를 살짝 물어봤다. 첫인상처럼 환하게 웃으며 센터를 운영하기 전 자신의 이야기를 들려줬다. 원래는 대형 병원

물리치료사였는데 척추를 위해서는 바른 자세가 중요하다는 생각을 했다고 한다. 바른자세척추운동이라는 SNPE 수업을 받으러 다니다 결국 직접 센터까지 차려 운영하게 되었다고 했다. 원장님은 건강에 대해 아는 만큼 보였고 결국 수업을 듣는 회원에서 운영하는 센터 원장이 된 것이었다. 자신의 관심이 향하는 곳에 결국 투자를 하게 된다는 생각이 들었다. 돈을 쓰는 곳에 내가 있다. 돈과 함께 쓴 시간은 제2의 인생을 살게 해 준다.

시간 쓰는 곳에도 내가 있다.

돈을 쓰는 것 같지만 실제 그 돈은 시간인 경우가 많다. 돈이 목적인 사람은 돈이라고 표현하고 시간의 중요성을 더 소중히 생각하는 사람은 시간이라고 말한다. 어느 순간부터 나에게 돈이란 시간을 사기 위해서 쓰는 경우가 많아졌다.

개인적으로 돈이란 어느 순간부터 이걸로 충분하다는 생각이 들었다. 매일 저녁 쿠팡과 마켓컬리로 먹고 싶은걸 충분히 시킬 수 있으면 그만이다. 가끔 외식할 때 가격표를 보지 않고 먹고 있다는 생각에 물질적으로는 내가 더 이상 원하는 것이 없구나 싶었다. 물론 여행 갈 때 일등석을 맘 놓고 탈 수 없고 최고급 호텔만을 이용할 수는 없다. 그럼에도 이 정도면 충분히 괜찮은 삶이지 않을까 싶은 이유는, 무거운 명품 가방보다 가벼운 패브릭 가방을 좋아하고 매일 운행하는 자가용은 출퇴근 짐 싣는 용도면 충분하다고 생각하기 때문일 수도 있다.

하지만 나에게 시간의 가치는 다르다. PT 수업을 받아 보겠노라고 맘 먹고 시작했을 때 가장 먼저 고려한 것은 돈보다도 시간이었다. PT 수업으로 보내는 퇴근 후 1시간이, 개인 운동 시간까지 포함한 저녁 2시간이 과연 내 인생에서 투자할 가치가 있느냐 하는 것이 고민의 이유였다. 만약 돈을 써야 하지 않을 곳에 실수로 썼다면 실수는 만회하면 된다. 잠시 다른 것에 절약하는 방법으로 말이다.

시간은 다르다. 한번 지나간 시간은 다시 되돌릴 수 없다. 시간을 돈 이상의 가치로 보기 때문에 내가 지금 시간을 어디에 어떻게 쓰고 있는지 자주 되돌아본다. 돈 실수에는 너그럽지만 시간을 잘못 쓴 경험은 수정하고 싶은 이유다.

『마녀체력』에서 이영미 작가는 지난 13년 동안 트라이애슬릿에 빠져 있다고 했다.

이 책이 나온 지가 2018년이니 벌써 7년 전이다. 그동안 인스타에서 그녀 소식을 종종 봐 와서인지 그녀의 운동하는 삶이 이제는 낯설지가 않다. 이영미 작가는 결국 출판사 에디터라는 직업인에서 조금 방향을 틀어 생활 운동인이자 전국을 도는 강연가로 살고 있다.

책 속에서 그녀는 10년 넘게 다져온 체력 덕분에 생활, 성격, 인간관계, 다가올 미래와 꿈마저 놀라울 정도로 바뀌어 버렸다고 말한다. 하지만 나는 그녀의 글 속에서 이영미 작가가 그동안 집중하고 몰입한 시간과 돈이 보였다.

"불행 중 다행으로 나는 마흔 살 이후 체력을 단련하면서 그런 불안과 걱정을 하나씩 해소해 나갔다. 갱년기 증상은 슬쩍 지나갔고, 건강했기에 새치나 노안은 우울한 문제로 다가오지 않았다. 운동을 하면서 어려운 목표에 도전하고 한계를 넘어 본 경험을 밑천 삼아 과감하게 전업을 결심했다. 그리고 마흔 시절보다 훨씬 더 강하고 단단한 몸매를 가진 50대로 살고 있다."

- 『마녀체력』 서문 중에서

결국 인생은 선택이다.

돈과 시간을 어디에 쓰는지에 따라 인생이 달라진다면 나는 당분간 운동에 쓸 생각이다. 만약 내가 근력 운동을 만나지 않았다면 지금쯤 나는 어떻게 살고 있을까? 5년 전 동네 헬스장을 처음 방문했을 때, PT 수업을 10회만 받고 '에잇, 나랑 헬스는 안 맞는 것 같아. 그럼 그렇지, 난 다시 요가 하러 가야겠어. 나에게는 요가가 역시 최고야.'라며 헬스장과 멀어져 버렸다면 지금쯤 나는 어떤 모습으로 50대를 준비하고 있을까?

아마도 컴퓨터 앞 키보드 위에서 하루 종일 손가락을 움직이다 잠시 몸을 일으킬 때면 '아이고~ 아이고~'를 연발하며 남들처럼 그렇게 신세 한탄하며 사는 게 최선인 줄 알고 살아가고 있을 테지... 근력의 힘으로 삶이 얼마나 더 생산적이고 밀도 높게 살 수 있다는 것을 전혀 몰랐을 테니 말이다.

요즘 나의 시간과 돈을 쓰고 있는 근력 운동은 아무리 생각해도 내 인생에 가장 잘한 투자다.

마녀체력
이영미 저 | 남해의봄날 | 2018

우리나라 40~50대 여성이 운동하는 삶을 살도록 이끌어준 선구자가 있다면 아마도 『마녀체력』을 쓴 이영미 작가가 아닐까? 2018년에 출간된 책이 2023년까지(내가 가지고 있는 책이 2023년도 책이라) 5년 동안 20쇄가 넘도록 판매되었으니 얼마나 많은 독자들이 이 책을 읽고 동기부여를 받았을까? 의외로 내가 공감했던 부분은 이 부분이다.

'매일 신고 싶을 만큼 가볍고 화사한 색깔의 러닝화를 구입한다.'

돈을 쓴다는 것, 그것은 내 마음이 그곳에 향해 있다는 의미다. 내가 좋아하는 것이 무엇인지 모르겠다고 생각하는 사람이라면, 요즘 내가 쇼핑한 품목을 보자. 그곳에 내 마음이 있다.

책 속 필사하고 싶은 한 문장

운동을 통해서 체력에 자신감이 생긴 사람은 자기도 모르게 특별한 아우라를 내뿜는다.

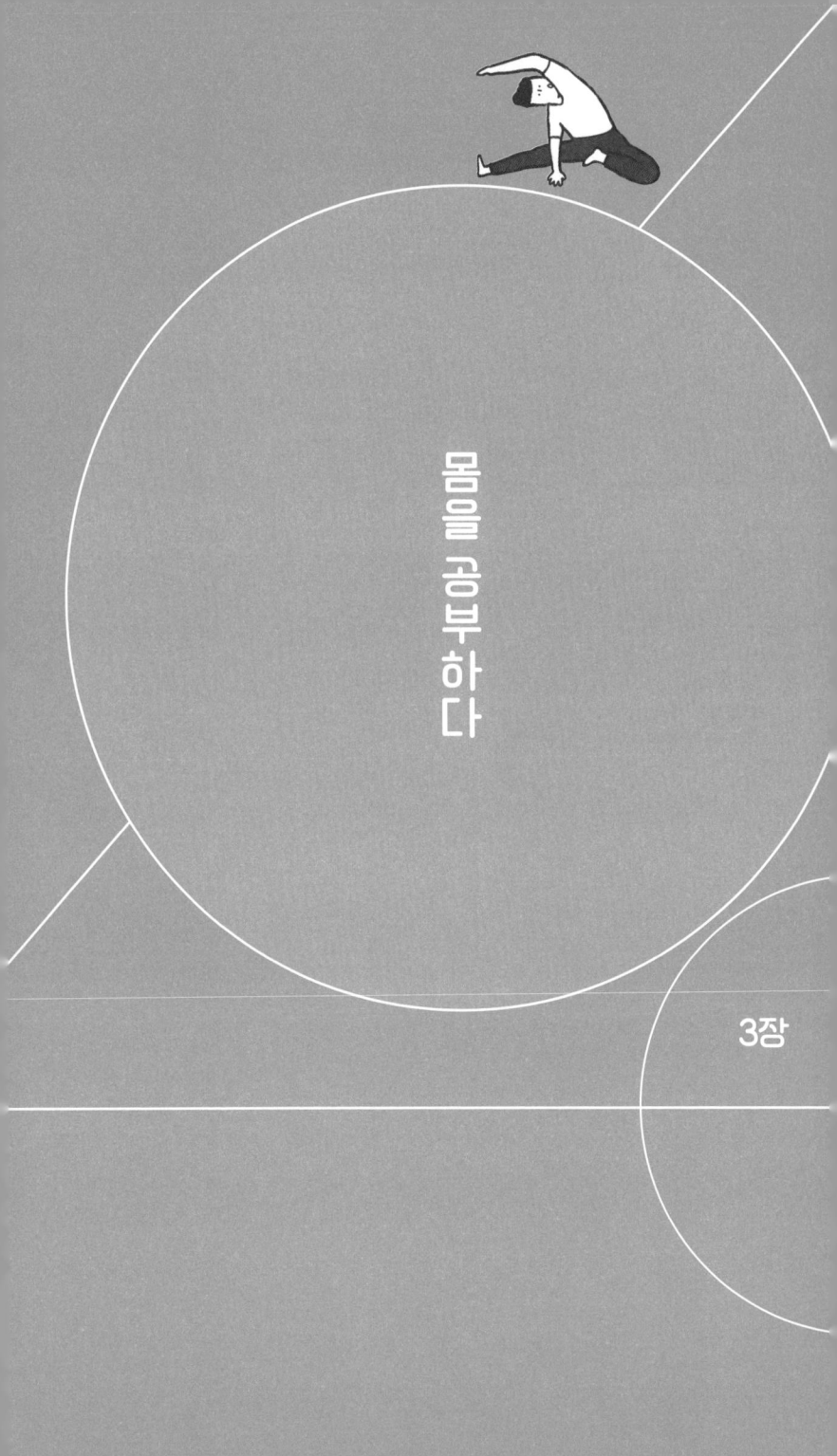

"육체가 시들면 정신도
갈 곳을 잃고 만다."

_ 『달리기를 할 때 내가 말하고 싶은 이야기』 중에서

1. 몸 공부하기 가장 좋은 방법은?

근육 그리기 숙제

근력 운동을 시작하고 6개월쯤 되었을 때였다. 하루는 트레이너 쌤이 숙제라며 근육을 그려오라고 했다. PT 수업 중 근육 이름 몇 가지를 이야기하곤 했는데 절반은 못 알아듣는 경우가 많았다. 시범을 보여주면 따라 하면 되기 때문에 눈으로 보고 이해하는 것은 가능했지만 근육을 말하며 설명할 때는 느낌상으로만 알아듣고 있다는 생각이 들었다. 마침 답답해하던 차였다.

퇴근 후에 하는 운동이다 보니 근육 이름이 궁금하면서도 막상 정확한 위치나 이름을 찾아볼 엄두는 못 내고 있었다. 궁금한 근육 이름을 '언젠간 찾아봐야지' 하면서 시간만 보내고 있었는데 근육을 그려보라니 마침 잘 되었다 싶었다.

첫 번째 숙제는 다리 뒤쪽 근육을 그려보기였다. 그래도 6개월 근력 운동을 한 짬밥이 있어서 햄스트링이라는 단어 정도는 알고 있었다. 하지만 다리 근육을 그려가며 알게 된 사실. 햄스트링은 1개 근육 이름이 아니었다. 반건양근, 반막양근, 대퇴이두근이라는 근육 3개를 묶어 부르는 이름이었다. 그림을 그려가며 근육을 알아가다 보니 그동안 해 오던 근력 운동이 완전히 새롭게 다가왔다. 무언가 기존에 하던 운동을 넘어 나만의 터닝 포인트가 될 것 같았다. 왠지 점점 더 근육 속으로 빠져들 것만 같았다. 오랫동안 궁금했지만 해결되지 못하던 무언가에 대한 실타래를 이제 막 풀어보기로 마음먹은 순간이었다.

몸도 공부가 필요하다.

PT 수업에서는 트레이너 쌤이 시범을 보여주면서 동작을 설명해 주고 거기에 따른 이론도 중간중간 덧붙여 준다. 예를 들면 이런 식이다.

"오늘 할 동작은 덤벨 오버헤드 트라이셉스 익스텐션입니다. 삼두근을 위한 운동입니다. 이 동작의 주동근은 삼두근이고 협응근은 전완근입니다. 앉아서 하지 않고 서서할 예정이기 때문에 복근에도 힘을 잘 주어야 합니다."

지금이야 이 말을 다 알아듣지만, 처음엔 거의 알아듣지 못했다. 시범 동작을 보여주면 눈으로 보고 따라 하기에도 벅찼다. 그 당시 못 알아들었던 단어들을 나열해 보면 이렇다.

- 덤벨 오버헤드 트라이셉스 익스텐션
- 삼두근
- 주동근
- 협응근
- 전완근
- 복근

아이쿠야, 총 나열해 보니 6개나 된다. 거의 못 알아듣고 있었다는 뜻이다. 우리나라 말인데 여전히 내가 모르는 단어가 많다는 사실을 헬스하면서 뼈저리게 느끼게 되었다. 이건 뭐 우리나라 말인지 영어인지도 헷갈릴 정도였으니까.

어쨌든 지금에서야 다 알아듣는 6개 단어 뜻풀이를 하면 이렇다. 덤벨 오버헤드 트라이셉스 익스텐션은 동작의 이름이다. 동작의 이름에도 순서가 있는데 우선 덤벨은 기구다.

덤벨로 하느냐 바벨로 하느냐에 따라 가장 먼저 기구 이름이 붙는다. 예를 들면, 덤벨로 하면 덤벨 오버헤드 트라이셉스 익스텐션이고, 바벨로 했다면 바벨 오버헤드 트라이셉스 익스텐션이다. 두 번째 나오는 단어인 오버헤드는 단어 뜻 그대로 머리 위로 올린다는 의미다. 첫 번째에 기구 이름이 나왔다면 두 번째는 동작이 나온다. 여기까지만 보면 덤벨을 머리 위로 올린다는 의미다.

자 이제 세 번째, 트라이셉스는 삼두근을 영어로 한 것이다. 삼두근이 어디인지도 몰랐으니 트라이셉스라는 단어를 몰랐던 건 어쩌면 당연했다. 익스텐션(Extension)은 편다는 의미다. 팔을 접은 다음 편다는 것이다. 이렇게 동작 1개의 이름에도 4가지의 해석이 필요하니 동작 이름 1개 익숙해지는데도 나름의 연구가 필요했다.

운동을 전공한 사람에게는 이런 이름쯤이야 익숙해서 입에서 막 나오겠지만 근력 운동을 제대로 처음 배워보는 나에겐 동작 이름 1개 입에 붙이기도 몇 달이 걸렸다. 동작 이름을 알아봤으니 이제 다음에 나오는 근육 이름에 대해 알아볼까? 삼두근은 어깨와 붙어있는 팔 뒤쪽 근육을 말하고, 전완근은 팔꿈치부터 손목 사이에 있는 근육 이름이다. 복근은 알다시피 배에 있는 근육이다.

주동근, 협력근, 길항근

여기서 주동근, 협력근의 의미도 모르고 넘어갈 수 없다. 주동근은 글자 그대로 어떤 동작에 주가 되는 근육이다. 예를 들어 트라이셉스 익스텐션이라는 이름에서도 알 수 있듯이 주동근은 삼두근이다. 앞에서도 말했다시피 트라이셉스가 삼두근의 영어 표현이기 때문이다. 동작 이름 속에서 근육 이름이 등장한다면 '제가 주동근이에요' 하고 말해주고 있는 것이다. 협응근은 협조해서 도와주는 보조근육이다. 협응근을 협력근이라고도 한다. 그 외에 또 1가지. 주동근, 협응근 외에 길항근이 있는데 길항이란 반대라는 뜻이다. 여기서 삼두근과 반대로 움직이는 이두근이 길항근이다.

동작 이름을 분해하고 근육 이름을 알아가다 보니 그동안 내가 몸에 대해서 너무나 몰랐구나 하는 생각이 들었다. 몸에게 미안했다. 몸 주인은 원래 나였는데 그동안 남처럼 대했구나 하는 생각에 정신이 바짝 들었다. 이제부터는 달라져야겠다는 생각이 들었다. 아는만큼 보인다는 말이 실감이 가기 시작했다.

몸 공부 하기 좋은 책 추천

근육과 뼈에 관심을 보이기 시작하니 트레이너 쌤이 책 한 권을 추천해 주었다. 자신이 쉽고 재미있게 보았던 책이라며 『석가의 해부학 노트』라고 했다. 평소 관심 있는 분야를 책으로 찾아보는 걸 좋아하는 편이라 바로 주문했다. 수험생 때나 보던 수험서만큼 두꺼운 책이 도착했다. 하지만 내용은 전혀 어렵지 않았다. 오히려 흥미롭고 재밌었다. 해부학 노트라는 책을 쓴 사람이 그림을 전공한 작가라니 꽤 흥미로웠다. 내용은 만화로 되어 있어서 짬짬이 보기에도 좋았다.

이 책을 보면서 가장 놀라운 사실은 책을 만들게 된 계기였다. 석정현 작가는 그림을 공부하는 이들에게 좀 더 전문적인 인체 표현 전문가로서의 소양을 기르는 데 도움을 주고 싶었다고 했다. 그런 마음이 시간이 흘러 이 책이 이렇게 해부학을 궁금해하는 회원에게 트레이너가 추천하는 책이 되고 있다는 걸 석정현 작가는 알고 있을지 모르겠다.

'우리는 모두 3억 대 1이라는 어마어마한 경쟁률을 뚫고 입사해 자수성가한, 평균 60조 사원을 거느린 '몸'이라는 초 거대기업의 CEO와 다르지 않습니다. 최고 경영자가 자신의 기업에 대한 외형조차 제대로 파악하지 못하고 있다면 과연 그 기업은 제대로 돌아갈 수 있을까요? 아니 그 이전에, 그 기업이 과연 스스로의 것이라고 자신 있게 말할 수 있을까요? 자신의 몸에 대해 아는 것은 자신을 사랑하는 일의 시작과 다르지 않습니다. 그리고 더욱이 그것은 사람을 표현하고, 사람들에게 희망과 깨달음을 안겨줄 의무를 지닌 예술가들에게는 필수적인 일이죠.'
-『석가의 해부학』 서문 중에서

숙제를 숙제로 보지 않기

요즘도 가끔 트레이너 쌤과 5년 전 근육 그리기 숙제에 대한 이야기를 할 때가 있다. 그 이후로도 근육 그림을 통해 위치와 이름을 외워보는 근육 그림 숙제를 종종 다른 회원에게도 시도했지만 그 당시의 나만큼 충실하게 해 오는 회원은 없었다고 한다. 아마도 그 당시 나에게 근육 그리기는 단순한 숙제가 아니었기 때문이 아닐까?

숙제를 내주는 사람은 숙제의 의미로 내줬지만 받아들이는 사람은 숙제로 안 받으면 그만이다. 나에겐 즐거움이자 재미 그 자체였다. 마침 근육 이름도 궁금해서 공부해 보고 싶었던 찰나에 오히려 잘 되었다 싶었다. 색연필로 색깔을 달리해 근육 결대로 색칠해 가는 작업은 나의 어릴 적 꿈이 화가였다는 생각도 다시 떠오르게 했다.

요즘도 생소한 근육 이름을 접할 때면 5년 전 근육 그리기 숙제를 했던 때가 생각난다. 이제는 어느 정도 근육 지식이 쌓인 회원이 되었다고 생각했는지 트레이너 쌤이 근육 숙제를 더 이상 내주지는 않지만, 가끔 스스로 근육 그림을 그려보고 싶을 때가 있다. '오늘은 골반 근육을 풀었으니 골반 주변 근육인 고관절 근육을 그려볼까' 하면서 말이다.

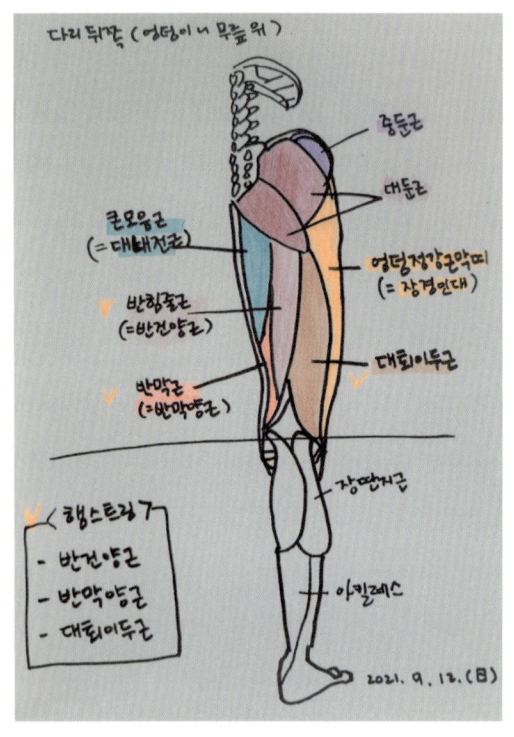

《5년 전, 첫 근육 그리기 숙제》

석가의 해부학노트
석정현 저 l 동양북스 l 2017

무려 9년에 걸쳐 그려내고 쓴 책이다. 이 책을 펴낸 석정현 작가가 대체 뉘신지 궁금해진다. 그래서인지 트레이너 쌤이 이 책을 추천하며 건넨 한마디가 기억에 남는다.

"이 책 한 권으로 해부학 공부는 끝낼 수 있을 거예요. 저도 도움을 많이 받았거든요."

정말 한 장씩 넘길 때마다 작가의 한 땀 한 땀이 고스란히 느껴진다. 해부학을 전공한 사람도 이렇게까지 자세하게는 설명 못 했을 것 같다. 그림 그리는 작가의 집념에 박수가 절로 나온다. 이 글을 쓰면서도 책을 다시 열어봤다가 재밌어서 이 글을 마무리 못 할 뻔했다. 근력 운동을 하는 내내 자주 열어보게 될 책이다.

책 속 필사하고 싶은 한 문장

자신의 몸에 대해 아는 것은 자신을 사랑하는 일의 시작과 다르지 않다.

2. 몸공부 최고봉은 바디프로필

"회원님에겐 이 스튜디오가 잘 어울리실 것 같아요."

난 분명 바디프로필은 안 찍어도 된다고 말했었다. 근력 운동을 하기로 한 건 순전히 건강 목적이고 체력을 키우기 위함이니 소위 요즘 유행한다는 바디프로필 같은 건 관심 없었다. 일부러 외면했다. '이 나이에 내가 무슨 몸 사진이야. 누가 알까 무섭다. 에이~' 하는 생각을 했더랬다. 그랬었었다. 난 분명...

PT 수업이 끝난 후 트레이너 쌤이 핸드폰 속 사진을 보여주며 건넨 한마디에 그래도 성의 정도는 보여야지 하는 생각을 하며 이렇게 대답했다. "저한테 어울리는 바디프로필 스튜디오요? 거기가 어딘데요?" 이때까지도 난 분명 스튜디오 이름만 살짝 물어봤을 뿐이었다. 헬스장에서 난생처음 PT 수업을 받으며 근력 운동을 시작한 지 막 6개월이 넘어서는 시점이었다.

정확한 자세를 배우며 운동하니 평생 못 보던 등 근육이 보이기 시작하는 중이었다. 이런 나의 등 근육은 평생 다시는 못 볼지도 모른다는 생각에 '이건 기록해 둬야 해' 하는 심정으로 인스타를 막 시작한 시기이기도 했다. 인스타 검색란으로 들어가 트레이너 쌤이 말한 바디프로필 스튜디오 이름을 검색했다. 검색만 해 보고 바로 나올 생각이었다.

근데 이게 웬일. 나도 모르게 눈이 커졌다. 달랐다. 여기는 달랐다. 그동안 인스타에서 가끔 구경하던 바디프로필 스튜디오랑은 결이 달랐다. 야하게만 보이던 몸 사진이 아니었다. 예뻤다. 게다가 상큼했다. 게시물 사진들이 세련되고 멋졌다. 눈이 휘둥그레 커지며 한참을 들여다봤다.

그날 이후 난 시간이 날 때마다 트레이너 쌤이 지나가듯 말한 그 스튜디오 바디프로필 사진을 들여다보고 있었다. 화장실에 갈 때마다 휴대폰을 열어 바디프로필 사진 속 사람들의 의상과 자세를 나도 모르게 주의 깊게 살펴 보았다. 나를 대입해 상상도 했다. 내가 이 옷을 입으면 어떤 느낌일까? '과연 나도 이렇게 멋있으면서도 상큼하면서도 아름다운 느낌이 나올까?' 하면서 말이다.

트레이너 쌤이 한 말이 틀린 말은 아니었다. 내가 보기에도 나랑 어울리는 스튜디오 같았다. 이런 느낌의 바디프로필 사진이라면 찍을 수 있을 것 같았다. 아니 꼭 한번 찍어보고 싶어졌다.

다이어트와는 또 다른 바디프로필 준비

다이어트는 식단이다. 바디프로필 준비도 식단이 중요하다. 트레이너 쌤의 말에 의하면 바디프로필 준비는 데이터 싸움이라고 한다. 매일매일 0.1kg이라도 떨어지는 몸무게를 체크하며 바디프로필 당일까지 줄여나가야 한다는 의미다.

다이어트는 사람마다 다르다. 길게 잡고 식단 조절을 할 수도 있고 욕심에 따라 최대한 단기간에 살을 빼서 동기부여를 받고 싶은 사람도 있을 수 있다. 하지만 촬영 날짜가 정해진 바디프로필은 목적에서 차이가 난다. 그래서였는지 바디프로필 날짜가 다가올수록 평소 나에게 요구하지 않던 식단 조절을 해 보자고 했다.

예를 들면, 탄수화물, 단백질, 지방, 채소 등을 정해진 양대로 먹어보자던지 몸무게가 줄어드는 것을 아침저녁으로 체크해 달라든지 하는 것들이었다. 다행히 평소 먹는 것에 크게 스트레스를 안 받는 편이라 정해진 용량대로 먹어야 한다는 미션도 부담으로 다가오지는 않았다.

오히려 즐겁게 느껴지기도 했다. 해 본 적 없던 새로운 경험을 유연하게 받아들이는 스타일이라 그랬을 가능성이 크다. 아몬드는 매일 12개~15개씩 먹는다든지 수분 조절을 위해 물 양을 늘렸다 줄인다든지 하는 과정은 무슨 대회에 출전하는 선수가 된 것 같았다. 그 과정에서 음식 하나하나를 내 몸이 어떻게 받아들이는지 주의 깊게 살펴보는 일은 새로운 세계를 탐험하는 것처럼 신비로웠다.

바디프로필 실전 경험 노하우

난 뭐든 관심분야가 생기면 책으로 먼저 공부해야 직성이 풀린다. 바디프로필도 예외는 아니었다. 몸 사진 촬영을 위해 공부를 하다니... 누가 들으면 웃을 수도 있는 일이지만 처음 접하는 몸 사진도 나에겐 연구 대상이었다. 내 인생을 통틀어 처음이자 마지막일거라 생각했고 그렇다면 후회없는 시간을 보내고 싶었다.

이리저리 검색해 보다『바디프로필 실전 경험 노하우』라는 책을 샀다. 인터넷에 떠도는 정보들은 많았지만 정리된 자료를 보고 싶었다. 집에 도착한 책은 작고 간단한 내용이 담겨 있었다. 노하우 책이다 보니 경험 모음집이었다. 먼저 경험해 본 선배들의 노하우를 읽으며 촬영 당일을 미리 상상해 볼 수 있어서 좋았다.

- 왜 바디프로필을 찍는지 스스로에게 물어보기
- 스튜디오 예약부터 실행이다
- 진행 과정은 반드시 기록하라

책에 나온 3가지 내용을 참고삼아 내 경험을 풀어보면 이렇다.

무슨 일을 하기 전에 '왜'가 중요하다. 시작에 앞서 난 항상 스스로에게 이유를 물어본다. 스스로가 설득되지 않으면 한 발짝도 뗄 수 없는 성향이라 내가 나를 설득해야 한다. 이런 내가 가끔 고집스러운 성격처럼 느껴질 때도 있지만 막상 맘을 먹고 나면 누구보다 주체적으로 움직인다는 것을 알고 있기 때문에 스스로를 믿고 조금 기다려주는 편이다. 트레이너 쌤이 이런 나의 성향을 파악한 것일까? 스튜디오 추천이 트리거가 되어 그다음부터는 일사천리로 움직였다. 바디프로필을 찍을 이유가 전혀 없었는데 말이다. 맘에 드는 스튜디오를 발견한 이후 '여기서 사진 1장 남기는 것만으로도 충분히 의미 있겠다'라는 단순한 이유가 생겼다.

예약부터 했다. 날짜를 잡고 거꾸로 D-day를 따져보고 가능하다 싶은 날짜를 정했다. 네이버로 예약하고 입금부터 했다. 그랬더니 그다음부터는 몸이 자동으로 움직였다. 난 다른 일들도 이런 식이다. 하고 싶은 게 생기면 예약부터 한다. 일일 체험이든 상담이든 우선 잡아 놓는다. 이런 나의 모습을 보고 사람들은 실행력이 높다고 말하곤 하는데 실은 그렇지 않다. 이렇게라도 하지 않으면 언제 실행으로 옮길지 모르는 내 성향을 잘 알고 있기 때문일 뿐이다.

진행 과정 기록. 그렇다. 진행 과정을 기록하기에 바디프로필만큼 소중한 기록이 있을까. 바디프로필 촬영일을 잡아 놓은 다음 날부터 나는 매일 식단과 몸무게, 몸의 상태와 마음 감정 변화를 기록하고 정리했다. 마침, 인스타그램을 돈 주고 배우고 있던 시기여서 인스타에 즐거운 마음으로 기록해 나갔다. 무슨 인스타를 돈 주고 배우냐고 하겠지만 난 너무 잘한 일이라 생각한다. 체계적인 걸 좋아하는 내가 인스타를 돈 주고 배운 덕분에 웬만한 20대보다 많은 인스타 기능을 활용하고 있다. 벌써 5년 전 일이다. 시간이 지나고 보니 이 또한 기능 활용보다는 꾸준히 올리는 것이 가장 중요하다는 것을 알아버렸지만 말이다.

바디프로필은 종착지가 아닌 반환점

바디프로필 사진을 찍었다고 하면 대부분 사람들의 반응은 "우와아~ 어떻게 바디프로필을 찍었어요? 대단하다."라고 한다. 하지만 바디프로필을 대충이라도 경험해 본 사람은 안다. 바디프로필 사진 1장은 종착지가 아닌 반환점일 뿐이라는 것을.

5년 동안 근력 운동을 하며 남들보다 민감하게 몸의 소리를 듣고 있지만 그 과정에서 가장 몰입하고 집중했던 기간은 바디프로필을 준비하는 기간이었다. 그래서 감히 이렇게 말할 수 있다. '바디프로필 촬영 경험은 몸 공부의 최고봉이었다.'라고 말이다. 바디프로필이 조금이라도 궁금한 사람이라면, 바디프로필에 조금이라도 관심이 있는 사람이라면, 바디프로필 촬영이 무엇인지 의미와 동기와 이유를 길게 고민할 필요 없다. 그냥 맘에 드는 사진관을 골라 예약하고 돈부터 입금하면 된다. 그 이후엔 그다음의 내가 책임져 줄 테니까.

물론 인생의 목적과 이유를 사진 한 장에 걸 필요는 없다. GYM종국의 말처럼 인생은 사진 한 장이 아니라 끊기지 않는 동영상이기 때문이다.

바디 프로필 실전 경험 노하우
헬스플랜컴퍼니 연구진 | 헬스플랜컴퍼니 | 2022

무언가 하고 싶은 게 생기면 책부터 사 보는 편이다. 유튜브, 인스타, 블로그에도 많은 정보가 담겨 있지만 책이라는 콘텐츠가 깊이감에서 조금 다르다고 생각하기 때문이다.

바디프로필 사진을 찍어보겠다고 맘을 먹고 난 후 선배들의 경험담은 인터넷상에 넘쳐났지만, 실전 경험 노하우를 인터뷰 형식으로 예쁘게 묶어놓은 책을 발견하곤 홀린 듯 주문해 버렸다. 정식 서점도 아닌 곳에서 파는 책이었는데 말이다.

바디프로필을 준비하며 잘 짜인 운동루틴도 중요하지만 정확한 자세와 올바른 자극 방법을 잘 찾는 게 중요하다는 말이 와닿았다. 나도 트레이너와 함께 정확한 자세와 올바른 자극점을 잘 찾은 덕분에 몸을 건강하고 예쁘게 변화시켜 갈 수 있었구나 하는 생각이 들었다.

책 속 필사하고 싶은 한 문장

내 몸 하나도 내 마음대로 못 만들면 내가 과연 살아가면서 무엇을 할 수 있을까

3. 자격증도 과정이 목표일 수 있다

'우리가 무엇인가를 하고 싶어 한다는 것은 우리에게 그 일을 할 능력이 있다는 뜻이다.' - 『갈매기의 꿈』, 리처드 바크

바디프로필을 찍은 후 '어차피 근력 운동과는 평생 친구가 되겠구나'라는 느낌이 들었다. 몸과 마음의 변화를 통해 이렇게 삶에 충만함이 들게 하는 운동이라면 무언가 더 알아보고 싶다고 생각했다.

트레이너 쌤은 은근 내가 보디빌딩 대회 같은 곳엘 나가지 않을까 생각하는 눈치였지만, 나는 대회 말고 '무언가 나다운 다음 스텝이 있지 않을까' 하는 생각이 들었다. 무대에 나가 내 몸을 드러내는 대회보다는 나의 지적 호기심을 채워 줄 근력 운동에 대한 공부를 좀 더 해보고 싶었다. 바디프

로필 촬영을 반환점 삼아 어차피 평생 운동을 할 거라면 관련 자격증을 따 보는 것도 좋겠다는 생각이 들었다. 나의 이런 생각에 확신을 갖게 해 준 글이 하나 있었는데 바로, 아래의 문장으로 끝나는 누군가의 블로그였다.

"이 부담 없는 자격증도 도전 못 하실 양반이, 자기와의 싸움이 반복되는 보디빌딩 운동은 어찌하시려고?"

그러게 말이다. 자격증 도전 하나에도 망설이면서 자기와의 싸움이 반복되는 헬스라는 종목을 어찌 평생하겠다 맘을 먹는단 말인가.

블로그 주인장은 이 글을 쓸 당시 당시 45세라고 했다. 나도 40대여서 그런지 글이 진하게 와 닿았다. 게다가 직장인이 연차까지 쓰고 자격증 마지막 과정인 1주일 연수를 들었다고 하니 '내가 고민하던 부분을 이미 실행에 옮겼잖아?' 하는 생각이 들었다. 젊은 사람들 사이에서 수업을 들을 땐 내가 지금 회사 연차까지 쓰고 와서 뭘 하고 있나? 하는 생각도 했다지만 잊지 못할 경험이라고도 했다.

취미를 위한 공부는 삶에 충만함과 다채로움을

그래 까짓거 나도 해보자 싶었다. 트레이너로 직업을 전향할 생각도 없었고 운동을 내 삶에 메인으로 들여놓을 생각 또한 해 본 적 없었지만, 취미를 위한 공부는 삶에 충만함과 다채로움을 가져다줄 것이라 믿었다. 하지만 막상 제대로 알아보니 쉬운 마음으로 도전할 시험이 아니었다. 필기 → 실기 → 구술 → 연수 과정까지 해서 4월에 시작해 12월이 되어서야 자격증이 나오는 장장 1년이 걸리는 시험이었다. 1년에 딱 1번의 기회밖에 없는 시험이었던 것이다.

어쨌든 해 보겠다 맘먹고 필기시험 접수까지는 어찌했는데 도통 공부할 시간이 나지 않았다. 평일엔 출퇴근하는 것만으로도 기진맥진해서 책 볼 여유가 없었고 주말에는 다른 스케줄로 긴 시간 공부할 타이밍을 잡는게 쉽지 않았다. '어쩌면 좋지' 하고 고민하던 찰나에 때마침 코로나에 걸렸다. 마침이라니 뭔가 이상하지만, 그때 심정은 그랬다.

코로나 확진 판정을 기회로 삼아야겠다 싶었다. 스스로에게 최면을 걸었다. '필기시험 과목이 5과목이니 자가격리 5일 동안 1과목씩 떼자.' 책은 수험서 딱 1권을 정해서 그것만 보기로 했다. '아프면 안 돼. 아플 여유가 없어. 딱 5일 동안 1과목씩을 보는 거야. 5일 동안 5과목을 한 번씩 읽기. 과목별로 한 번씩만 읽고 기출문제를 풀자.' 그렇게 맘 먹고 공부했더니 정말로 자가격리 5일 동안 아프지 않았다. 5과목을 전부 한 번씩 볼 수 있었다.

틀린 문제는 오려내기

기본서를 과목별로 한 번씩 읽은 다음엔 기출문제 5년 치와 책 속 연습문제를 풀었다. 틀린 문제를 여러 번 더 보고 싶었지만 시간이 없으니 우선 틀린 문제를 다 오려냈다. 오려낸 틀린 문제만 반복해서 보면서 다시 틀리지 않는 문제는 1개씩 버렸다. 지금 틀리지 않은 문제는 다음에도 틀리지 않겠지 하는 생각에서였다. 진짜 버렸다. 버릴 때 왜 미련이 없었겠는가. 하지만 믿는 수밖에 없었다. 1달도 남지 않은 시험기간 때문이었다. 그렇게 필기시험 날까지 틀린 문제를 계속 버려가니 시험 당일엔 확인할 문제가 몇 개 남지 않았다.

필기시험 5과목이라는 첫 관문을 무사히 넘기고 실기시험과 구술시험도 통과했다. 여름휴가 대신 1주일 연차를 내서 연수도 받았다. 그렇게 1년을 준비해 그해 12월 생활스포츠지도사 2급 자격증을 받았다. 헬스에 빠진 40대 직장인이 1년 동안 노력해 받은 자격증이라니 무언가 감격스러웠다. 과정마다 순탄하지 않았지만 그 어느 과정도 의미 없던 순간은 없었다.

한국체육대학교에서의 구술 시험장 풍경은 아직도 생생하다. 면접관이 대답 못 하는 문제를 자꾸만 물어서 떨어뜨리려고 하나보다 했는데 나중에 알고 보니 떨어뜨리기 아까운 사람에게 질문을 더 해 주는 거라고 했다.

20년 가까이 한 직장에서만 일하느라 이직이라고는 해 본 적이 없어 면접생의 마음을 잊고 있었는데 잊고 있던 떨림까지 되살아나는 기분이었다.

"자격증을 땄는데 왜 트레이너를 안 하세요?"

라는 질문을 종종 받을 때가 있다. 트레이너로 취업하기 위한 사람들이 취득하는 자격증이다 보니 어떤 의미로 질문하는지는 안다. 하지만 난 시험을 준비하고 끝마칠 때까지 단 한 번도 트레이너가 되겠다는 마음으로 접근한 적이 없다. 그렇다면 나는 대체 왜 쉽지 않은 이 시험을 도전한 걸까? 이 자격증이 상대평가였다면 도전할 엄두도 내지 않았을 것이다. 생활스포츠지도사 시험은 절대평가다. 필기 5과목은 과목당 40점을 넘으면 과락을 면하고 평균 60점이 넘으면 된다. 그 말은 나의 점수가 높다고 해서 누군가를 떨어뜨리는 시험은 아니라는 의미다. 나의 도전이 누군가의 실패로 이어지는 시험은 아니었기 때문에 '나도 경험 해 봐도 되지 않을까?' 하는 생각이 들었다.

알면 알수록 좋아지는

나는 앞으로도 당분간 회원으로 남을 예정이다. 자격증을 준비하는 과정에서 얻은 나의 가장 큰 소득은 헬스라는 종목을 더 애정하게 되었다는 것이다. 알면 알수록 좋아지는 사람이 진국이라고 하던데 나에겐 헬스가 그랬다. 알면 알수록 좋아졌다. 나의 세계는 쇠질 속에서 넓어지고 있었고 다른 의미에서 좁아지고 있었다. 예상치 못한 경험에 사고는 넓어지고 운동하지 않는 사람과는 더 멀어지는 방향을 선택했으니 인간관계는 좁아지고 있었다. 하지만 개의치 않았다. 당분간 다른 그 어떤 것도 이보다 더한 몰입감을 줄 수는 없을 테니까...

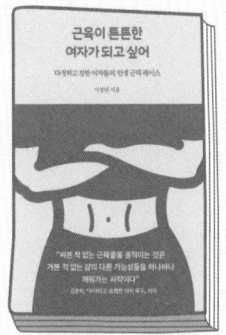

근육이 튼튼한 여자가 되고 싶어
이정연 저 | 웅진지식하우스 | 2020

나도 근육이 튼튼한 여자가 되고 싶었다. 이 책을 쓴 이정연 작가는 기자다. 기자라 함은 잘은 모르지만 상상해보건대 '나만큼이나 앉아 있는 시간이 긴 직업이 아닐까?' 하는 생각을 했더랬다. 그런 그녀의 작가 소개 부분을 꼼꼼히 읽어 내려가다가 반가운 문장을 발견했다.

'35살, 15년의 운동 방랑 생활을 종료하고 근력 운동의 매력에 빠지며 드디어 평생 지속할 운동을 찾다. 36살, 국가 공인 생활스포츠지도사 2급 보디빌딩 자격증을 취득하다.' 생계와 경력에는 별 도움이 되지 않았으나 욕심이 났다니, 나 같은 사람이 여기 또 있구나 하는 생각에 웃음이 났다.

책 속 필사하고 싶은 한 문장

근력 운동을 꾸준히 하면서 단련된 건 근육뿐만이 아니었다.
조금 더 움직여보겠다는 마음을
조금 더 견뎌보겠다는 마음을
순간순간 함께 쌓아가게 된다.

4. 인스타는 턱걸이 기록용

나는 카톡도 싫어하던 사람이었다.

지금이야 누구보다 카톡에서 제공하는 기능을 잘 활용하지만 불과 몇 년 전까지만 해도 스마트폰 속은 나와는 크게 상관없는 세상이었다. 아마도 공공기관에 근무하는 사람이라면 대부분 그럴 가능성이 높다. 업무적으로 조직의 정책사업은 열심히 홍보할 수 있지만 나라는 개인을 표현하는 데는 서툴기도 하고 크게 필요성을 느끼지 못하기 때문이다.

업무 외적인 개인 SNS가 자신만의 포트폴리오가 될 수 있다는 생각도 당연히 한 번도 해 본 적이 없다. SNS 속 타인의 일상을 보며 휴식할 수는 있지만 나의 일상을 드러내는 일은 또 다른 생산적인 일로 느껴졌다. 퇴근 후에는 나의 콘

텐츠를 온라인 세상에 담아낼 에너지가 남아있지 않기 때문일 수도 있다.

그런 내가 지금은 블로그, 인스타, 브런치 스토리까지 운영하고 있다. 블로그는 잠시 내려놓은 상태인데도 이웃 수가 매일 조금씩 늘어나더니 6천 명을 넘었다.

대체 언제부터였을까?

팀장이 되기 전 나는 일을 좋아하던 직원이었다. 평일 5일은 거의 매일 야근을 했다. 워낙 부서 자체에 일이 많은 회계과였기 때문이기도 했다. 직원 중 최고참이다 보니 할 일이 많았다. 보이는 일도 많고 안 보이게 해결해야 할 것들도 많았다. 일이 많이 쌓여 있어서 버겁기도 했지만, 해결해야 할 문제들을 크고 작게 하나씩 쳐나가는 일이 싫지만은 않았다.

그렇게 평일을 보내고도 토요일, 일요일 중 하루는 또 출근했다. 평일 야근할 때 집중력과 주말 조용한 사무실에서 내뿜을 수 있는 몰입감에는 차이가 있다고 해야 할까. 암튼 미묘한 주말의 몰입감을 즐겼다. 주말 아무도 없는 사무실에서는 평일 바쁜 업무를 쳐내느라 미처 챙겨보지 못하던 것들 위주로 살펴보곤 했는데 관련 법령을 찾아보는 맛이 쏠쏠했다.

나는 그렇게 일하다 팀장이 되었지만 막상 내가 팀장이 되고 보니 팀원들에게는 그렇게 일하라고 권유할 수는 없었다. 그동안 내가 일하는 방식이 정답이라고 생각하지도 않았다. 나는 그냥 그게 좋았을 뿐이고, 각자 자기만의 일하는 방식이 있다고 생각하기 때문이다. 그래서 무언가 그동안의 삶과는 다른 곳으로 시선을 돌릴 만한 것이 필요했다. 많이도 말고 아주 살짝.

인스타그램의 시작은 턱걸이 기록용이었다.

헬스장에서 처음으로 트레이너 도움을 받아 턱걸이를 했는데 그날의 기분을 잊을 수가 없다. 몸이 하늘로 부웅~하고 올라가면서 마치 내가 내 몸을 하늘로 높이 올려보내 주는 날아갈 듯한 기분이었다. 생전 처음 느껴보는 해방감이었다. 그날로 난 턱걸이에 빠졌다. 그 순간의 기분을 잊어버리기 싫을 때 기록한다고들 하지 않나. 나는 그렇게 턱걸이를 기록해 보기로 했다.

턱걸이는 0개에서 1개까지가 가장 오래 걸린다. 1개를 했으면 10개까지는 의외로 쉽다. 그렇구나. 그렇다면 0개에서 1개까지의 과정을 영상이든 사진이든 매일 찍어 올려둬야 겠다 싶었다. 사진과 영상으로 턱걸이 성공 과정을 기록한다고 생각했는데 나의 인스타 게시물엔 몸의 변화 과정이 고스란히 담겼다. 아주 미묘해서 내 눈에만 보였지만 분명 조금씩 변하는 중이었다. 그렇게 나는 인스타 기록과 함께 내 몸의 변화에 주목할 수 있었다. 인스타에 담긴 턱걸이 기록이 나중에 어떤 경험으로 연결되어 또 다른 도미노 현상을 불러올지 예상하지 못한 채 말이다.

인스타 속 세계가 오프라인으로 연결되다.

단순한 목적으로 시작했던 인스타는 요즘 예상치 못한 역할을 해주고 있다. 강의나 북토크 요청이 DM으로 온다. 전화, 이메일, 문자도 아닌 인스타 DM으로의 강의 요청이라니. 공문으로만 강의 요청을 받던 나에게는 새롭고 신기한 경험이다. 확실히 요즘엔 일하는 방식도 많이 바뀌었구나 싶다. 어쩌면 바깥세상은 이미 이렇게 자유롭고 넓게 흘러가고 있는데 내가 속한 이곳만 정체되어 있었던 건 아닐까 하는 생각도 들었다. 예상치 못했던 여러 가지 생각이 오고간다. 인스타를 하며 참 배우는 게 많다.

인스타는 결이 비슷한 사람도 만나게 해 주었다. 나의 첫 책 『공무원이여 회계하자』를 읽은 어느 한 직원은 책 속 인스타 주소를 보고 찾아왔다고 했다. 릴스와 스토리에 매일 하트를 눌러주더니 얼마 전 직장 내 멘토와 멘티로 만나게 되었다. 온라인 속 관계가 오프라인으로 연결된 것이다.

턱걸이하는 내 모습이 신기해 기록용으로 남기기 시작한 인스타는 또 다른 세상으로 날 인도해 주었다.

몸의 일기

다니엘 페나크 저 ㅣ 문학과지성사 ㅣ 2015

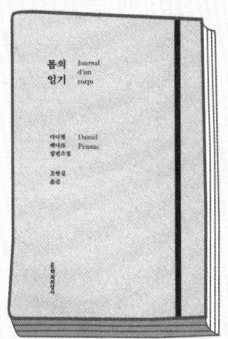

인스타에 몸을 기록하다 보니 다른 사람은 몸 기록을 어떻게 하는지 궁금했다. 그러다 몸 기록에 관한 엄청난 책을 발견했다. 무려 평생에 걸쳐 자신의 몸 변화와 감정을 기록한 책. 다니엘 페낙이 쓴 『몸의 일기』다.

'한 남자가 쓴 10대에서 80대까지 몸에 대한 일기 형식의 소설'이라는 소개 글을 우연히 읽고 주문해 버렸다. 80년 가까이 되는 시간 동안 작가가 들려주는 몸에 대한 이야기도 궁금했지만 '평생에 걸쳐 쓰기'라는 과정을 통해 만들어진 책은 어떻게 생겼을지 궁금했기 때문이었다.

그러고 보면 나는 글을 좋아하는 건지, 글이 담긴 책이라는 작품을 좋아하는 건지 가끔 헷갈릴 때가 있다. 이런 책은 평생에 걸쳐 만들어낸 작품임이 틀림없다.

책 속 필사하고 싶은 한 문장

매일 몸에 대해 일기를 쓴 건 나의 길동무를 기록하는 것이다.

5. 몸을 공부하는 소설가

글에서 나이가 전혀 느껴지지 않는 사람이 있다.

나는 작가를 좋아한다. 그중에서도 운동하는 작가라면 격하게 애정한다. 내가 그렇게 살고 싶기 때문이기도 하고, 글도 쓰고 운동도 한다는 것이 얼마나 어려운 것인지 조금은 알고 있기 때문이다.

글도 쓰며 운동도 하는 작가라고 하면 몇 명이 떠오르지만 그중에서도 가장 유명한 사람이 있다. 바로 소설가 무라카미 하루키다. 하루키 작가의 소설을 처음 접한 건 20대였다. 지금은 『노르웨이의 숲』이라고 알려진 『상실의 시대』로 그를 처음 만났다. 소설 속엔 20대가 주인공이었는데 희한하게 20대인 나에게는 그다지 와닿지 않는 소설이었다.

40살이 되었을 때쯤 누군가의 선물로 다시 이 책을 읽게 되었다. 근데 이게 웬일. '내가 읽은 책이 같은 책이 맞나?' 싶을 정도로 새롭게 다가왔다. 40대에 막 접어든 어느 겨울 날 저녁, 퇴근 후 여유가 있어 좀 길게 읽게 되었는데 가슴 절절히 내마음을 파고들었다. 그렇게 하루키 작가를 40대에 다시 만났다. 20대 남녀 이야기가 40대에 와서야 내 이야기처럼 와닿다니 전혀 예상치 못한 신기한 경험이었다.

운동은 운동선수만을 위한 것이 아니다.

무라카미 하루키 소설에 대해 이야기하자면 별도로 책 한 권을 쓸 수 있을지도 모른다. 그랬다간 그의 책 이야기만 실컷 하다 끝날지 모르니 여기에서는 그가 운동하는 법에 대한 이야기만 하려고 한다. 알만한 사람은 다 아는 그의 취미는 마라톤이다. 시작은 단순히 집 앞 달리기로 시작했다가 어느덧 마라톤 선수 같은 실력을 갖춘 러닝 대표 작가가 되었다.

내가 글 쓰는 삶을 살아야겠다 생각하면서 거의 동시에 함께 맘 먹은 것이 있다. 그건 바로 몸을 움직이는 삶을 놓지 말아야겠다는 것이다. 하루키에게 달리기가 있는 것처럼 나에겐 어떤 종목이 좋겠다라고 꼭 정한 건 아니었다.

퇴근 후 요가를 설렁설렁 13년 하다 종목을 바꿔 헬스 5년 차에 접어들고 보니 이제는 알 것 같다. 하루키 작가에게 달리기가 있다면 나에겐 근력 운동이 있다. 나는 근력 기구들을 친구삼아 평생 살아가기로 했다. 헬스장은 나에게 놀이동산이요, 덤벨은 소장하고 싶은 장난감이다.

『달리기를 말할 때 내가 하고 싶은 이야기』에는 소설가의 운동 철학이 담겨있다.

믿기지 않지만 하루키는 올해 70대 중반이다. 한 소설가가 그동안 어떤 마음으로 달리기를 해 왔는지 그의 에세이에 잘 나와 있어서 종종 찾아보는 구절이 있다.

'소설가에게 필요한 집중력과 지속력은 고맙게도 재능의 경우와 달라서, 트레이닝에 따라 후천적으로 획득할 수 있고, 그 자질을 향상시켜 나갈 수도 있다. 매일 책상 앞에 앉아서 의식을 한 곳에 집중하는 훈련을 계속하면, 집중력과 지속력은 자연히 몸에 배게 된다. 근육의 훈련 과정과 비슷하다.

매일 쉬지 않고 계속 써나가며 의식을 집중해 일을 하는 것이, 자기라는 사람에게 필요한 일이라는 정보를 신체 시스템에 계속해서 전하고 확실하게 기억시켜 놓아야 한다. 그리고 조금씩 그 한계치를 끌어올려 간다. 의식하지 못할 정도로 아주 조금씩, 그 수치를 살짝 올려간다.

이것은 매일 조깅을 계속함으로써 근육을 강화하고 러너로서의 체형을 만들어가는 것과 같은 종류의 작업이다. 자극하고 지속한다. 또 자극하고 지속한다. 물론 이 작업에는 인내가 필요하다. 그러나 그만큼의 보답은 있다.'

   그는 몸을 공부하는 소설가다. 누구나 운동할 수는 있지만 어떤 마음으로 운동을 하는지는 사람마다 각자 다르다. 내가 운동하는 작가를 좋아하는 이유도 어쩌면 이런 명문장을 만날 수 있기 때문인지도 모른다.

   자기만의 운동 철학이 있는 사람. 그 철학을 한 권의 책에 담아내 공유해 주는 사람. 글 쓰며 운동하는 사람만이 할 수 있는 분야다. 몸이 묻고 마음이 답하는 풍경이 각자의 글 속에 담겨있다.

지식노동자일수록 자신만의 운동 종목이 필요하다.

'막 전업 소설가가 된 내가 맨 처음 직면한 심각한 문제는 건강의 유지였다. 본래 주의하지 않으면 살이 찌는 체질이다. 지금까지는 매일매일 격렬한 육체노동을 해왔기 때문에 저체중의 안정 상태로 머물러 있었지만, 아침부터 밤중까지 책상에 앉아서 원고를 쓰는 생활을 하게 되자 체력이 점점 떨어지고, 체중은 불어났다.

신경을 집중하는 와중에 나도 모르게 담배도 지나치게 피우게 되었다. 그 무렵에는 하루에 60개비의 담배를 피웠다. 손가락도 누렇게 되고, 온몸에서는 담배 냄새가 났다. 이것은 아무래도 몸에 좋지 않았다. 이제부터의 긴 인생을 소설가로 살아갈 작정이라, 체력을 지키면서 체중을 적절히 유지하기 위해 방법을 찾지 않으면 안 되었다.'

하루키는 긴 인생을 소설가로 살아가기로 마음먹으며 체력을 지키면서 체중을 적절히 유지하는 방법으로 달리기를 선택했다. 인생은 정말 선택과 집중인 걸까? 각자 삶의 방식을 위해 선택하고 집중한 무언가가 자신만의 삶의 모습이자 정체성이 되어 간다.

하루키는 달리기만의 몇 가지 이점이 있다고 한다. 첫째, 동료나 상대를 필요로 하지 않는다. 특별한 도구나 장비도 필요 없다. 특별한 장소까지 가지 않아도 되고 달리기에 적합한 운동화만 있으면 된다. 근처 적당히 달릴만한 도로가 있으면 마음 내킬 때 달리고 싶은 만큼 달릴 수 있다.

테니스는 테니스 코트가 있어야 하고 수영은 수영장을 찾아가야 한다. 하지만 달리기는 도로만 있으면 된다. 그래서 거의 망설임 없이 달리기를 선택했다는 것이다.

직장인인 나는 거의 매일 앉아 있는 환경에 놓여있다. 일주일에 몇 차례 출장을 다니며 움직이기도 하지만 이동 시간을 제외하면 또다시 앉아 있다. 회의 진행을 위해 앉아서 사회를 보거나 다른 사람이 진행하는 회의에 앉아서 참석하는 게 대부분이다. 앉아 있느라 고관절이 접힌 몸은 건강하지 못한 영혼을 불러올 것만 같다.

'그러나 무슨 일이 있어도 달리는 것을 그만둘 수는 없다. 매일 달린다는 것은 나에게 생명선과 같은 것으로, 바쁘다는 핑계로 인해 건너뛰거나 그만둘 수는 없다. 만약 바쁘다는 이유만으로 달리는 연습을 중지한다면 틀림없이 평생 달릴 수 없게 되어버릴 것이다. 계속 달려야 하는 이유는 아주 조금밖에 없지만 달리는 것을 그만둘 이유라면 대형 트럭 가득히 있기 때문이다. 우리에게 가능한 것은 그 '아주 작은 이유'를 하나하나 소중하게 단련하는 일뿐이다. 시간이 날 때마다 부지런히 빈틈없이 단련하는 것.'

직장인이 운동하지 않아도 되는 이유도 한 트럭이다. 하지 않겠다고 맘 먹으면 오늘부터 당장 그만둘 수도 있다. 하지만 오늘만 살게 아니라면 난 운동하는 삶을 살고 싶다. 대체 어떻게 하면 운동하는 삶을 살 수 있을까? 그냥 매일매일 반복된 동작만 하는 운동은 금방 지겹기 마련이다. 뭐든지 쉽게 지루해하는 사람에겐 특히 더 그렇다. 그럴 땐 몸을 공부하며 나아가보자. 내 몸 어디가 불편한지 나는 매일 어떤 자세를 취하며 살아가는지 잠시만 짬을 내어 들여다보자. 시간을 내어 몸이 내는 소리에 귀 기울여 준다면, 몸은 내가 가고자 하는 길에 든든한 길동무가 되어 줄 것이다.

오늘도 우리에게 가능한 것은 어쩌면 아주 작은 이유 하나를 찾아내어 소중하게 단련하는 것뿐인지도 모른다.

달리기를 말할 때 내가 하고 싶은 이야기
무라카미 하루키 저 | 문학사상 | 2009

  이 책을 이야기하려고 하니 벌써 가슴이 뛴다. 무라카미 하루키의 달리기와 인생이 담긴 이 책을 읽으며 난 얼마나 많은 부분에 밑줄을 긋고 표시해 두었는지 모른다. 이 책 이후 나도 하루키의 소설보다 에세이를 더 좋아하는 독자가 되어버렸다. 누군가가 소설가의 소설보다 에세이를 더 좋아한다는 말을 들었을 때 '에이~ 뭐 그럴려고' 했던 내가 그의 에세이에 완전히 빠져버린 것이다. 그 이유는 아마도 그의 삶의 태도에 반해버렸기 때문일 것이다. 그가 책에서 보여준 삶의 철학을 참고한다면 '나도 운동하는 작가로 살아갈 수 있겠구나'하는 무모한 용기마저 들었으니까 말이다.

'이제부터의 긴 인생을 소설가로 살아갈 작정이라, 체력을 지키면서 체중을 적절히 유지하기 위해 방법을 찾지 않으면 안 되었다.' 저마다 어떤 방법을 찾고 있는지 궁금해진다.

책 속 필사하고 싶은 한 문장

육체가 시들면 정신도 갈 곳을 잃고 만다.

6. 어쩌면 바른 자세가 전부다

얼마 전, 경기도 인재개발원 교육 강사로 참여하게 되었다.

주제는 '자기다움'이었다. 교육은 총 4회에 걸쳐 각각 다른 강사로 진행되었는데 교육 내용은 주로 '나답게 일하는 법'을 일깨워주는 내용이었다. 당시 교육을 운영했던 담당자는 조직 속 직장인도 부품 같은 역할을 넘어 자기만의 색깔을 가져야 한다고 생각하고 있었다. 조직이 잘 되는 것뿐 아니라 개인이 잘 사는 비결도 자기답게 사는 것이라고... 멋진 생각을 가진 교육담당자라는 생각이 들었다.

교육을 마무리하며 질문을 받는데 건강 질문이 많았다.

마지막 시간에 배정이 된 나는 강의를 마치고 질문을 받았다. 질문 중에는 의외로 시간 관리, 건강 질문이 많았다. 각기 다른 강사의 교육을 4회에 걸쳐 들으며 결국 나답게 살기 위한 방법은, 누구에게나 있지만 누구나 똑같이 누릴 수 없는 시간 활용이 문제라는 것을 깨달은 것 같았다. 각자 주어진 시간에 건강을 어떻게 관리할지 고민이 깊어 보였다.

질문을 들으며 나는 그런 생각이 들었다. '건강을 지키는 방법을 의외로 대단하고 어렵게 생각하는구나.' 그렇지 않아도 그즈음 『자세가 잘못 됐습니다』를 읽으며 운동보다 본질적인 자세에 대해 다시 한번 생각하는 중이었다.

우리는 자세가 잘못된 걸 얼마나 알고 있을까?

운동하는 몸짱 의사로 잘 알려진 이종민 작가가 쓴 『자세가 잘못 됐습니다』는 책 전체가 거의 그림으로 되어 있다. 술술 읽힌다. 하지만 내용은 가볍지 않다. 평소에 자세를 신경 많이 쓴다고 생각하던 나였지만 내가 미처 모르는 부분도 많았다. 3가지만 나누면 이렇다.

먼저, 베개 선택이다. 잠자는 동안 목은 크고 작게 시간당 600번 정도 움직이는데, 너무 딱딱한 베개나 머리 부분이 고정되는 베개는 움직임을 막기 때문에 좋지 않다고 한다. 여행 등으로 잠자리가 바뀌었을 때는 수건 2장으로 뒤통수를 먼저 받쳐주고 나머지 1장은 목 아래 두어 목 사이 빈틈을 채워주면 좋다고 한다.

두 번째는 다리 베개와 허리 베개다. 마사지샵을 가면 편하라고 무릎 아래에 베개를 끼워주곤 하는데 나에게는 허리에 통증을 줘서 불편했던 경험이 있다. 다리 베개는 무릎이나 종아리 아래에 넣어 다리에 생기는 부종을 줄이는 효과는 있을 수 있지만, 허리와 무릎, 발목에는 좋지 않다고 한다. 다리가 들어 올려지면 골반이 뒤로 넘어가면서 요추전만을 없애 등이 굽어져 허리 디스크 손상을 만들 수 있다는 것이다. 다리 베개가 어떨 땐 편하고 어떨 땐 불편하게 느껴지기도 했는데 왜 그런지 이유를 알 것 같았다.

세 번째는 물건 들 때 하는 동작이다. 생활하다 보면 아무 생각 없이 바닥에 있는 물건을 허리를 굽혀 들게 된다. 하지만 허리를 써서 물건을 드는 동작은 목, 등, 허리, 어깨, 팔꿈치, 손목, 손가락에 안 좋은 동작이라고 한다. 별생각 없이 한 동작이 이렇게 많은 부위 통증을 유발하고 있었다니. 내가 평소 어떤 자세를 취하고 있는지 무심히 넘어갈 일은 아니라는 생각이 든다.

바닥에 놓인 무거운 물건을 들 때는 가능하면 봉투 2개로 나눠 든다. 두 봉투 사이에 서서 목과 허리는 일직선으로 유지하고 엉덩이를 뒤로 빼주는 힙힌지 자세를 이용해 고관절과 무릎을 먼저 구부린다. 양팔을 펴고 봉투를 최대한 몸에 가깝게 붙인 채, 몸이 한쪽으로 기울어지지 않도록 주의하면서 일어선다. 양쪽 균형을 맞춘 후 물건을 옮긴다.

헬스장에서 배운 데드리프트 동작이 생각나는 장면이다. 등 근육을 고정하고 두 손에 든 바벨을 최대한 몸에 가깝게 붙이며 무릎 아래까지 바벨을 내렸다가 들어올리기. 그러고 보니 데드리프트는 단순한 동작이 아니었다. 바로 물건을 들 때 필요한 동작이었다. 근력 운동을 배운 이후 내가 허리가 안 아픈 이유는 바로 자세 덕분이었다.

자세가 달라진 마라톤 선수

1년에 1번 행사 때만 보는 마라톤 선수가 있다. 그 선수는 당연히 나를 모르니 나 혼자만 내적 친밀감을 느끼고 있던 선수였는데 어느 날 허리가 90도로 굽은 모습으로 행사

장에 나타났다. 깜짝 놀랐다. 달라진 자세 때문에 다른 사람처럼 보였다. 못 알아볼 뻔 했다. 그전에 그렇게 건강하던 선수라는 게 믿기지 않을 정도였다.

뒷모습만 봐서는 기존에 운동하던 사람이었는지 전혀 모를 정도였다. 행사 내내 미소를 잃지 않은 그의 모습은 더욱 마음이 쓰였다. 몇 년 후 몇 가지 치료를 통해 굽은 허리가 많이 좋아지고 있다는 이야기를 방송을 통해 들었다. 실제로 화면에 나온 그의 모습은 허리가 많이 펴져 거의 정상처럼 돌아온 듯했다.

그의 모습은 나의 모습을 돌아보게 했다. 운동을 하면서도 자세에 도움 되는 기립근 척추 운동에 더 신경을 썼다. 낮에 사무실에서 앉아 있을 때는 어깨를 내리고 거북목이 되지 않으려 노력했다. 화장실 세면대 앞에서 손을 씻거나 양치질을 해야할 때는 허리를 굽히는 게 아니라 고관절을 접어 엉덩이를 살짝 뒤로 뺀 힙힌지 자세를 취하려고 노력했다.

운동 이상으로 일상 속 자세가 중요했다. 힘든 중에도 미소를 잃지 않던 그의 모습은 선수 생활을 하든지 하지 않든지 프로다웠다. 얼마 뒤 방송에서 허리가 펴진 그의 모습을 볼 수 있었다. 얼마나 반가웠는지 모른다. 앞으로도 그의 건강이 더욱 좋아지길 기대한다.

자세가 잘못됐습니다
이종민 저 | 페이스메이커 | 2023

운동하는 재활 전문의로 소개되는 이종민 작가는 인스타로 먼저 알게 되었다. 처음엔 의사인 줄도 몰랐다. 학창시절 100kg이 넘는 고도비만이었다가 운동으로 56kg까지 줄인 그녀는 직업과 상관없이 대단해 보였다. '자세'라는 핵심 키워드로 책을 냈다는 게 인상 깊었다. 나 또한 거북목으로 판정받은 후 근력 운동으로 자세를 개선한 케이스라 책 속 내용이 더욱 와닿았다.

'노화라고 하면 50~60대부터 시작된다고 생각하지만, 관절을 이루는 조직 중 연부조직(연골, 인대, 건)은 30대가 되면서 노화가 진행됩니다. 뼈와 근육이 만드는 힘을 연부조직이 버텨줘야 하는데, 나이가 들면서 연부조직이 더 빨리 노화되어 젊은 뼈와 근육의 등살에 찌그러지고 터지는 거죠.'

재활의사가 키워드를 뽑은 제목이 '자세'라니... 일상 속 자세를 몇 가지 알아놓는다면 병원갈 일이 많이 줄겠구나 싶었다.

책 속 필사하고 싶은 한 문장

관절 노화가 시작되는 30대부터 자세로 관절 건강을 지키자.

7. 그럼에도 먹는게 90%

"당신이 무엇을 먹는지 말해 달라. 그러면 당신이 어떤 사람인지 말해 주겠다."

프랑스 법관이자 미식가였던 브리야 바사랭이 1825년에 쓴 책 『미식예찬』에 나오는 문장이다. 요즘엔 '당신이 먹은 것이 곧 당신이다.' '먹은 것까지가 나다.'라는 말로 변형되어 알려지고 있다. 과연 먹는다는 게 뭘까?

의식주 3가지 중에 먹는다는 것은 입을 옷, 살아갈 집과 더불어 필수 요소다. 먹지 않고는 살아갈 수 없다. 세상에는 먹을 게 너무 많다. 그런 의미에서 결국 먹는다는 것도 선택의 문제이다. 살아가는 동안 세상의 모든 직업을 경험해 볼 수 없는 것처럼, 세상의 모든 취미를 섭렵해 볼 수 없는 것처럼, 모든 음식을 먹을 수도 없겠지만 나는 먹는다는 것을 인생의 문제 중 선택의 문제로 보기로 했다.

먹는다는 것은 문제라기보다는 오히려 즐거운 선택 행위에 가깝다. 먹는 것이 선택 행위라면 어디서부터 어디까지 먹어야 하는 걸까? 어떤 걸 먹지 않으면 되는 걸까? 아침밥은 어떻게 먹고 출근할까? 점심은 어떤 걸 선택할까? 저녁밥은 어떻게 구성하면 좋을까? 중간중간 간식은 어떤 것들을 챙겨 다닐까? 건강한 간식으로는 어떤 것들이 있을까?

먹는 것에 대한 질문은 하루를 어떻게 구성할 것인가와 맞닿아 있다. 집에서 간단히 먹고 나가는 아침 식사, 구내식당을 주로 이용하는 평일 점심, 퇴근 후 저녁 식사, 중간에 먹는 간식, 주말 이틀 동안의 먹을거리들... 이렇게 때와 장소에 따라 정리하고 나니 끼니별로 먹는 것을 어떻게 준비할지 행동으로 옮기기가 간단해졌다.

먹는 것까지가 운동이다.

김종국이 말했다. 운동을 끝내고 먹는 것까지도 운동이라고. 나도 동의한다. 운동하는 사람치고 먹는 것에 신경 쓰지 않는 사람은 없다. 운동은 하더라도 먹는 것에 신경 쓰지 않는 사람이 있다면 아마도 그 사람은 운동하는 이유가 건강 목적이라기보다는 운동 그 자체일 확률이 높다. 원하는 대로 먹고 운동을 해 준다면 그것만으로도 나쁘지는 않다.

하지만 결국 건강한 몸을 오랜 시간 함께 하기 위해서 식단은 필수다. 식단은 영어로 다이어트다. 다이어트라고 하면 살 빼는 걸 생각하기 쉽지만 다이어트란 결국 음식 조절이다. 살을 뺄 목적으로 음식 조절은 하지 않고 운동만 하면 몸의 변화는 아주 미미할지 모른다.

결국 제대로 운동하는 사람들이 먹는 것까지 신경 쓰는 이유가 그래서다. 먹는 것까지 운동임을 알고 있기 때문에 결국 먹는 공부로 이어지는 것이다. 운동 좋아하는 김종국이 먹는 것에 대한 지식이 많은 이유도 그래서다.

먹는 것에 대한 내 생각을 한마디로 정리하자면 이렇다. '좋은 음식을 먹으려고 애쓰기보다는 나쁜 음식 안 먹으려고 노력하기' 그래서인지 라면을 끓여 먹지 않은 지 몇 년이 되었다. 외식할 때도 가능하면 건강한 음식을 사 먹으려 노력한다.

먹는 것도 결국엔 선택의 문제

나는 요리도 책으로 배웠다. 남들은 유튜브로 배운다지만, 앞에서도 이야기했다시피 난 궁금한 분야가 있으면 책부터 찾는다. 서점을 가고 도서관을 간다. 해당 분야에 어떤 책들이 나와 있는지 본다. 사서 볼 책과 빌릴 책을 구별한다. 사서 볼 책은 인터넷 서점으로 주문하고 한 번 보고 말 것 같은 책들은 도서관에서 대출한다.

『닭가슴살 요리 60』은 자주 보며 참고하기 위해 구입한 책이다. 닭요리는 원래 좋아했다. 근력 운동을 제대로 시작하며 트레이너 쌤이 단백질을 잘 챙겨 먹으라고 했다. 의외로 단백질을 포함한 식품은 일부러 챙겨 먹지 않으면 어려운 제품군이었다. 달걀, 우유, 아몬드, 닭가슴살, 치즈, 요거트, 콩, 멸치, 귀리 같은 음식이다.

달걀, 우유, 아몬드 등이야 간식으로 먹는다지만 주식으로 먹기엔 고기, 닭가슴살, 생선 정도였다. 소고기를 매일 먹을 수도 없고 생선을 매일 구울 수도 없으니 내가 선택한 건 닭가슴살이었다. 냉동 닭가슴살은 쟁여놓고 여러 가지로 요리해 먹기 좋았다. 한꺼번에 삶아서 찢어놓고 샐러드, 카레,

볶음밥 등에 응용하기도 편하다.

단백질에 대한 관심은 단순히 흰쌀이 아닌 좋은 탄수화물은 뭘까? 하는 다른 식품들 고민으로 이어졌다. '소화가 잘 되는 음식, 몸을 따뜻하게 하는 음식, 가지고 다니기 좋은 건강한 간식 등에는 무엇이 있을까'라는 관심으로 확장되었다.

어차피 평생 먹을 거 알고 먹는 게 좋지 않을까?

"지금의 몸은 그동안 내가 생활한 것들의 결과물이다. 오랜 생활의 찌꺼기다. 오랫동안 마신 폭탄주, 삼겹살에 소주, 좌식생활, 운동과는 담을 쌓은 생활, 줄담배, 게으름 등이 쌓인 것이다. 좋은 몸을 만들고 싶다면 지금의 생활을 바꾸어야 한다. 왕도나 첩경이 있을 수 없다. 쉽고 편하게 살을 빼는 방법 같은 건 없다."

『몸이 먼저다』에 나오는 말이다. 건강한 몸은 짧은 시간에 얻을 수 있는 것이 아니다. 어차피 평생 먹을 거라면 내 입으로 들어가는 것들에 대해 알고 먹기로 했다. 알고 먹으려면 공부해야 한다. 살면서 가장 소중한 지식이 몸 공부라면 먹는 공부는 거기에 포함된다.

지금 자신에게 필요한 먹는 공부는 어떤 것들이 있을까? 어쩐지 자기 자신이 가장 잘 알고 있을 것만 같다.

닭가슴살 요리 60
이양지 저 | 리스컴 | 2013

  물론 단백질 섭취 방법으로 닭가슴살만 있는 건 아니다. 내가 주메뉴로 닭가슴살을 선택한 이유는 간단하다. 요리하기 편해서다. 하루는 무수한 선택과 결정으로 이루어지는 데 한정된 에너지를 쓰며 기분 좋은 상태를 유지하기 위해서는 단순화시킬 수 있는 부분은 단순화시켜야 한다. 그래서 내가 선택한 요리법은 냉동 닭가슴살을 활용한 한 그릇 요리를 자주 만들기다.

  이 책에서 알려주는 요리법은 간단하다. 닭가슴살을 통째로 오븐에 넣어주면 스테이크가 되었고, 카레 할 때 닭가슴살을 넣어주기만 해도 닭가슴살 요리가 되었다. 닭가슴살 채소구이는 제철 채소와 올리브유를 넣고 살짝 볶아주기만 하면 끝. 닭가슴살 프리타타는 잘게 썬 채소와 닭가슴살에 계란을 풀어 프라이팬 뚜껑을 닫고 약불에서 속까지 익혀내면 완성이었다. 맞벌이 부부에게 요리를 단순화시키는 작업은 삶의 지혜다.

책 속 필사하고 싶은 한 문장

날씬한 몸매를 가꾸는 다이어트식으로, 건강을 위한 웰빙식으로, 간단한 아침 식사로, 닭가슴살을 활용해 보세요.

8. 내 몸을 외주주지 말자

근육의 기준은 사람마다 다르다.

직장 생활 20년 차가 되어가다 보니 동료들 사이에선 건강 이야기를 하는 사람들이 많아졌다. '건강한 사람은 건강 이야기를 하지 않는다'라고 하던데 주변에 건강하지 않은 사람이 많아지고 있는 탓인 것 같다.

건강에 대한 관심이 그만큼 많아서일 수도 있고 생각만 하고 아직 실행에 옮기지 못하고 있기 때문일 수도 있다. 이미 운동을 하면서 건강을 챙기고 있는 사람은 일상 속 루틴으로 자리 잡아 실천하고 있기 때문에 굳이 말로 할 필요성을 느끼지 못하기 때문이다. 주변에서 운동이나 건강 이야기를 한다 싶으면 나는 조용히 어떤 이야기를 하는지 들어본다.

"어떤 운동을 하세요?"
"1주일에 몇 번이나 하세요?"
"힘들지는 않아요?"
"아침, 저녁으로는 뭘 먹어요?"

대화 중 한 가지 공통점을 발견했다. 사람들은 다른 사람이 어떤 운동을 하고 있는지 뭘 먹고 있는지에 관심이 많다는 사실이다. 시선이 자신이 아닌 밖을 향해 있다. 어떤 것이든 다 그렇겠지만 근육은 특히 사람마다 다 다르다. 어떤 운동을 할지, 근력 운동을 어떻게 시작할지가 고민이라면 다른 사람과 비교하는 것은 하등의 필요가 없다. 자기 몸 상태를 들여다보며 어제의 나와 지난달의 내 몸과 비교를 하면 그뿐이다.

각자 인생에서 철드는 시기, 깨닫는 시기가 다르듯 근육이 성장하는 시기와 속도도 다르다. 운동은 '운을 바꾸는 움직임'이라고 한다. 운동을 시작했다면 운이 바뀔 거라 믿고 가 봤으면 좋겠다.

나이 들수록 근육이 중요하다.

얼마 전 우리나라도 질병에 노인근감소증이 포함되었다.

그만큼 나이 들수록 근육 감소가 위험하다는 의미다. 노년증후군을 예방하는 근력은 따로 있다. 도쿄 건강장수의료센터에 근무하는 김헌경 작가가 쓴 『근육이 연금보다 강하다』에서는 노년증후군을 대비하는 근육으로 9가지를 들고 있다. 9가지 근육과 함께 강화할 수 있는 동작도 함께 설명해준다.

노년증후군을 대비하는 9가지 근육 강화 동작

1. 전경골근: 낙상을 예방한다

노년의 가장 큰 문제가 낙상이라는 글을 최근 기사에서 본 적이 있다. 그만큼 걷다 넘어지고 발에 걸려 넘어지는 사고가 잦다는 이야기다. 고령자 낙상은 허리나 다리 근육의 약화와 관련이 있다. 전경골근은 발끝을 무릎 쪽으로 들어 올리는 역할을 하는데 발끝이 잘 들어 올려지지 못하면 보폭도 좁아지고 넘어지기 쉬운 상태가 된다. 전경골근 강화는 의자에 앉아 양쪽 발끝을 당겨주는 동작을 통해 정강이 근육을 강화할 수 있다.

2. 장요근: 걷기에 중요한 근육이다

장요근은 척추에서 골반을 거쳐 허벅지로 연결되는 근육이다. 걷거나 달리기할 때 허벅지를 들어 올리는 역할을 한다. 장요근이 약하면 앉았을 때 허리를 곧게 세우지 못하고 구부정한 자세가 된다. 장요근 강화를 위해서는 의자에 앉아 한쪽 무릎씩 들어 올렸다가 내리는 동작을 반복한다. 이때 장요근과 복근이 함께 강화된다.

3. 대퇴사두근: 일상생활을 좌우한다

대퇴사두근은 허벅지 앞쪽에 위치한 큰 근육군이다. 외측광근, 내측광근, 중간광근, 대퇴직근 총 4개 근육으로 구성되어 있다. 노년기 근감소로 대퇴사두근이 약해지면 앉았다가 일어서거나 계단을 오르거나 넘어지려고 할 때 몸을 지탱하는 동작이 위태로워진다. 의자에 앉아 등받이는 기대지 말고 약간 앞으로 앉아서 한쪽 무릎을 펴서 발뒤꿈치로 밀어내듯이 무릎을 쭉 편다. 평소 사무실에서 의자에 앉아 있을 때도 충분히 할 수 있는 동작이다.

4. 복근: 힘찬 활동의 근원이다

복근은 눈으로 보이지 않아서 없다고 생각할 수 있지만 누구에게나 있다. 복근은 내장을 보호하는 역할을 하고 있지만 더 중요한 기능은 보행 기능과 자세 유지다. 근육은 서로 짝으로 움직이기 때문에 복근이 약해지면 뒤쪽 허리 근육도 제대로 쓸 수 없어서 허리통증의 원인이 된다.

실제 내 이야기다. 나는 5년 전 허리가 아파서 근력 운동을 시작했지만 트레이너 쌤은 허리 반대편 배 주변 근육이 문제일 수 있다고 했다. 처음엔 무슨 말인지 잘 몰랐던 그 말이 지금에서야 너무나 이해된다. 허리가 아픈 사람일수록 배 주변 근육 운동을 해야 한다.

5. 대흉근: 상체를 지탱하는 근육이다

대흉근은 말 그대로 가슴을 덮고 있는 큰 근육이다. 나이가 들수록 어깨가 안으로 말리는 것은 등이 구부정한 이유도 있지만 대흉근의 약화와 관련이 있다. 꼿꼿한 자세를 유지하기 위해서는 노화로 약해진 대흉근을 강화해야 한다. 두 팔을 앞으로나란히 했다가 팔꿈치를 벌려준다는 느낌으로 벌린다. 다시 앞으로나란히 자세로 두 팔을 모아주면서 가슴을 모아준다. 가슴을 모아주면서 가슴에 힘을 주면 더 좋다.

6. 하퇴삼두근: 제2의 심장이다

하퇴삼두근은 종아리 근육이다. 종아리 근육을 제2의 심장이라고 부르곤 하는데 그 이유는 하체에 몰려있는 혈액을 다시 펌프질해 심장으로 보내주는 기능을 하고 있기 때문이다. 종아리 근육이 힘차게 수축하지 못하면 혈액순환이 제대로 되지 않아 심장에 부담이 간다.

종아리 근육은 비복근과 가자미근으로 이루어져 있는데 전신 근육량은 종아리 둘레에 비례하기 때문에 종아리 둘레만 보고서도 전신 근육량을 진단하기도 한다. 그만큼 종아리 근육 운동을 하면 근감소증을 예방할 수 있다. 종아리 근육 강화 동작은 '카프레이즈'라고 하는데 발뒤꿈치를 살짝 들어 올렸다 내리는 반복 동작만으로도 혈액 순환에 도움이 된다.

7. 척추기립근: 바른 자세를 유지한다

등에는 척추기립근 말고도 광배근, 승모근 등이 있지만 노년기에 접어들수록 중요한 근육은 척추기립근이다. 이름에서도 알 수 있듯이 척추를 바로 세워주는 근육이다. 척추기립근은 대표적인 자세 유지 근육이라서 척추기립근이 약해지면 등이 구부정해지고 허리가 굽는다. 나이 들면서 구부정해지기 싫다면 척추기립근 강화 운동이 필요하다.

척추기립근 강화를 위해 간단히 할 수 있는 동작은 코브라 자세다. 헬스장을 갈 때마다 매트 위에서 내가 가장 많이 해 주는 스트레칭이기도 하다. 엎드린 동작에서 가슴까지 바닥에 붙이고 두 손을 가슴 양옆에 놓고 상체만 들어 올려주는 동작이다. 허리가 아플 때는 아프지 않을 만큼만 들어 올려준다. 코브라 자세는 허리 통증 예방 운동으로도 널리 알려져 있다.

8. 둔근: 몸의 중심축이다

둔근은 엉덩이 근육이다. 엉덩이는 상체를 받치고 있고 아래는 다리로 연결된다. 엉덩이 근육이 약해지면 골반이 비뚤어져 상체가 불안정해지고 걷거나 일어서는 동작에 문제가 생긴다. 상하체 모든 움직임에 관여하므로 중요한 근육이라 할 수 있다. 둔근은 대둔근, 중둔근, 소둔근으로 구성되어 있다.

고관절과 골반의 안정화, 밸런스 기능 유지를 위해 노년기에 접어들기 전부터 엉덩이 근육을 강화해야 한다. 사무실에서도 간단히 할 수 있는 동작은 의자를 잡고 서서 발을 한쪽씩 뒤쪽으로 보내주는 동작이다. 중둔근이 강화되도록 바로 뒤쪽보다는 45도 각도의 대각선 방향으로 다리를 들어주는 동작을 반복한다.

9. 내전근: 바른 걸음걸이를 만든다

내전근은 허벅지 안쪽 근육이다. 내전근이 약해지면 다리를 모으고 앉는 것이 힘들게 되면서 쩍벌 자세가 된다. 팔자걸음이 심해지는 것도 내전근이 약해졌다는 신호라고 한다. 무엇보다 소변을 보고 싶을 때 참지 못하는 배뇨 장애의 가장 큰 원인 중 하나가 내전근의 약화라고 하니 요실금 예방을 위해서라도 내전근 운동은 필수라고 봐야겠다.

의자에 앉아서 할 수 있는 내전근 강화 동작은 의자에 앉아 다리를 모으고 양손으로 의자 옆을 잡는다. 한쪽 다리를 가볍게 들어 올린 후 무릎을 천천히 바깥쪽으로 벌렸다가 천천히 모은다. 벌렸다 모으기를 반복한다.

여기 나오는 9가지 근육 부위를 생각하면서 집에서나 사무실에서 짬짬이 운동해 주면 좋을 것 같다. 일주일 한 번 가서 3시간 동안 하다 오는 운동보다 매일 10분의 운동이 효과가 훨씬 클 수 있기 때문이다.

근육테크

노후를 책임져주는 것은 연금이 아니라 근육일지 모른다. 근육운동을 부담스러워하는 사람은 매일 저녁 걷는다는 것을 운동이라고 하겠지만, 걷는 것만으로는 부족하다. 솔직히 난 걷는 건 운동이 아니라고 생각한다. 물론 안 하는 것보다야 낫겠지만 튼튼한 몸을 가지고 싶다면 근육을 위한 운동을 해야 한다.

'지금 운동할 시간이 없다는 사람은 나중에 아파서 병원에 누워있을 시간은 있다는 것을 깨닫게 될지 모른다'는 말이 있다.

나는 이렇게 바꾸고 싶다. '지금 재테크하기에 바빠 운동할 시간과 돈이 없다는 사람은 지금 아낀 그 돈이 나중에 병원비와 약값으로 들어갈 돈이라는 사실을 깨닫게 될지 모른다.'라고 말이다. 지금 하는 운동은 당장은 힘들어 보여도 시간과 돈을 더 가치 있게 만드는 품격 있는 투자 활동이다.

근육이 연금보다 강하다

김헌경 저 | 비타북스 | 2019

제목이 책의 역할을 다한 게 아닐까? 싶을 만큼 멋진 제목을 가진 책이 있다. 이 책이 그렇다. 김헌경 작가는 도쿄 건강장수의료센터에서 근무하며 수많은 일본 고령자를 접했다.

행복한 노년기를 보내기 위해서는 자기 발로 걸으며 마음껏 생활할 수 있는 근력을 유지하는 것이 필수라는 것을 깨닫고 고령자를 위한 근력 운동을 개발했다고 한다. 실제 일본 고령자들의 건강 나이를 10년 앞당긴 놀라운 결과를 가져왔다고 하니 우리나라에서도 근육 운동이 널리 퍼졌으면 하는 바람이다.

의자만 있으면 맨몸으로 집에서도 할 수 있는 방법을 아주 쉽게 설명해 놓은 책이다. 그림으로 되어 있어서 매일 따라해 보기만 하면 된다.

책 속 필사하고 싶은 한 문장

운동은 운을 바꾸는 움직임이다. 운을 바꾸고 싶다면 몸을 움직여야 한다.

9. 스위트 스팟을 발견하다

스위트 스팟을 찾아 도달하기

데드리프트는 참 희한한 구석이 있다. 등 운동이면서 하체운동이다. 근육마다 자극을 잘 주면 이른바 전신운동이다. 데드리프트 동작을 간단히 설명하자면 이렇다. 긴 바벨을 양손에 걸치듯 잡고 무릎 아래쪽까지 내려갔다가 올라오는 동작이다. 하지만 별 볼 일 없을 것 같은 이 동작에는 놀라운 세상이 숨겨져 있다.

겨우 10번을 반복할 만한 무게의 바벨을 들고 똑바로 서서 앞을 보고 자세를 잡는다. 어깨를 먼저 내린다. 광배근에 힘을 주고 승모근 아래까지 잡아 등을 수축시킨다. 힙힌지 자세를 먼저 해 줄 생각을 하며 복부에 힘을 준다. 바벨을 천천히 내려주기 위해 고관절을 접고 엉덩이를 살짝 뒤로 빼준다. 바벨을 최대한 몸 가까이 붙이고 상체를 숙여준다. 복부의 힘, 등의 힘이 빠지지 않는지를 잘 확인하면서 바벨과 함께 상체를 천천히 숙인다.

바벨을 쥔 양손이 무릎 아래까지 내려갔으면 등 근육에 자극이 잘 잡혀 있는지 한 번 더 확인하고 팔의 힘이 아닌 등의 힘으로 천천히 바벨을 올리며 상체를 들어준다. 바벨을 들어 올린다는 느낌이 아니라 몸을 세운다는 느낌이다. 몸이 다 세워지려고 하면 엉덩이를 조이며 복부에 한 번 더 힘을 준다. 어깨를 내리고 광배근을 조여준다. 이렇게까지 하면 1번이다.

쓰이는 근육만 봐도 여러 가지다. 광배근, 승모근, 복부, 고관절, 둔근, 햄스트링 등이다. 제대로 근육들에 힘을 줬다면 한겨울이라도 등줄기에 땀이 난다.

미국 작가 대니얼 코일의 『탤런트 코드』에서 설명하는 '스위트 스팟'이라는 구간이 있다. 좌절스럽고 힘겹지만 실패한 뒤에도 다시 도달하려고 노력하는 구간이다. 이룰 수 없을 것 같은 목표를 성취하고자 전력을 다하는 구간이다.

내게는 그 많은 동작 중 데드리프트가 특히 그랬다.

데드리프트는 항상 내 능력을 최대한 발휘하게 했다. 능력의 한계까지 몰아붙이고 싶었다. 트레이너 쌤의 도움을 받기도 했지만 개인 운동 시간에도 항상 내가 할 수 있는 최고 무게에 도달하고 싶다는 생각이 들었다. 물론 생각하는 것만큼 잘 되지는 않았다. 근력 운동을 하며 배운 데드리프트, 스쿼트, 벤치프레스는 매번 내 능력을 시험했고 한계를 느끼게 했지만 희한하게도 마음만큼은 더 높은 지점을 겨냥하게 했다.

헬스장에서 만난 '스위트 스팟'은 삶의 다른 영역에서도 적용되었다. 예를 들면 지금 책을 쓰고 있는 이런 행위 같은 경우 말이다. 내 능력 밖이라는 것을 뻔히 알면서도 도전하고 있는 지금, 이 순간이 스위트 스팟인지도 모르겠다.

진정한 목표는 연습이 아니라 발전이다.

내가 몸을 공부하기 시작한 이유는 단순하다. 어제와 다른 내가 되고 싶었기 때문이다. 단순히 시간만 채우는 건 연습이다. 진정한 목표는 연습이 아니라 발전이어야 한다. 바쁜 일상에서 연습을 성공으로 간주하고 싶은 유혹이 들 때가 있다. 운동을 하겠다는 1시간만 채우는 것도 어쩌면 성공일 수 있다.

하지만 반복된 운동은 노동일뿐이다. 지적 호기심도 함께 채워질 때 발전하는 기분이 든다. 데드리프트를 하면서 어제와는 조금 다른 근육 자극을 느끼고, 데드리프트의 효과는 어떤 것들이 있는지 알고 있고, 실제 내 몸이 변해 가는 걸 볼 때 그때야 비로소 발전하고 있다고 느껴진다.

첫 선생님이 중요한 이유

나만의 스위트 스팟을 찾아 도달하고 싶도록 만들어 준 건 트레이너 쌤이었다. 헬스라는 종목을 통해 근력 운동을 처음 접하게 된 것이 일대일 PT 수업이었기 때문에 얼마나 다행인지 모른다. 개인 트레이닝으로 시작한 덕분에 기본과 핵심에 빠르게 도달할 수 있었다. 『탤런트 코드』에서는 생애 첫 교사의 중요성을 이렇게 표현한다.

> "배움의 첫 단계에서 이런 식으로 가르침을 받은 학생은 자기도 모르게 흥미를 느끼고 사로잡히며 열중하게 된다. 그 후로 학생

은 더 많은 정보와 전문적인 교육을 원하게 되고, 그러한 것들이 필요한 수준으로 발전한다."

어쩌면 내가 지금 이렇게 5년째 헬스에 빠져 몸도 마음도 성장할 수 있었던 건 좋은 운동 멘토를 만난 덕분인지도 모르겠다. 아니 확실히 첫 선생님 덕분인 것 같다.

텔런트 코드

대니얼 코드 저 | 웅진지식하우스 | 2021

같은 걸 배워도 누구는 왜 특별해지는걸까? 라는 궁금증을 가질 때쯤 만난 책이다. 헬스라는 근력 운동은 단순히 몸만 움직이는 운동이라고 생각하기 쉽다. 하지만 근력 운동을 하면 할수록 머리가 좋아진다는 느낌을 받기 시작했다. 그래서 운동의 효과나 뇌과학까지 관심이 이어졌다.

저자 대니얼 코일은 뉴욕의 허름한 음악 아카데미에서 모스크바의 쓰러져가는 테니스 코트까지, 보잘것없어 보이는 장소에서 배출된 엄청난 능력의 개인과 집단을 연구하면서 이들에게 공통으로 적용되는 재능 폭발의 패턴을 발견했다.

이 책 왠지 '우리 아이에게 재능이 있을까?'라는 고민을 하는 부모가 보면 좋을 책 같다.

책 속 필사하고 싶은 한 문장

스스로 자신의 코치가 되어라.

10. 최종 지향점은 방위 체력

최근 사회를 볼 일이 있었다.

팀장이기 때문에 종종 사회를 볼 일이 있기는 하지만 장소도 생소하고 모인 사람들도 처음 만나는 자리라 살짝 긴장되었다. 하지만 단단한 복근 덕분인지, 피곤하지 않은 기초 체력 덕분인지, 크게 떨리거나 초초하지는 않았다. 오히려 기분 좋은 긴장감이 느껴졌다.

물론 체크리스트까지 만들어가며 팀원과 꼼꼼히 준비했기 때문이기도 했지만 '운동을 시작한 후 확실히 스트레스에 견디는 능력이 단단해졌구나' 하는 생각을 해 오던 참이었다. 운동을 통해 근력, 순발력, 근지구력 같은 행동 체력만이 생긴다고 생각하기 쉽지만 내가 그동안의 운동을 통해 얻은 건 오히려 방위 체력 쪽이었다. 일상 속 스트레스가 크게 스트레스로 느껴지지 않았다.

같은 사무실에서 여러 명이 함께 근무하다 보니 사람마다 요구하는 온도가 다르기 마련이다. 누구는 춥다고 히터를 켜고 누구는 덥다며 에어컨을 켠다. 예전 같으면 춥다, 덥다 말을 하며 내가 원하는 쪽으로 요구했을 수도 있지만 요즘엔 잠시 나갔다가 들어오거나 따뜻한 차를 한잔 타서 몸을 조용히 데우곤 한다.

운동한 이후 불면증은 거의 사라진 지 오래고 조금 피곤하다 싶은 날은 침대 바닥 온도를 따뜻하게 해 놓고 하룻밤 자고 나면 금세 피로가 풀린다. 하루 중 운동을 기본으로 세팅해 놓은 다음부터는 대부분의 스트레스가 크고 예민하게 다가오지 않는다. 사무실에서 유독 이상한 일을 겪은 날이면 퇴근 후 헬스장 러닝머신 위에서 30분 정도 뛰다 걷다를 반복해 주면 그걸로 충분했으니까.

'결국 내가 가야 할 길은 방위 체력이구나.'

아주 맘에 드는 단어를 발견했다. 방위 체력. 방위 체력이란 일상생활 스트레스 중 긴장, 불안, 고민 등을 견딜 수 있는 체력을 말한다. 그뿐 아니라 날씨 등 물리화학적 스트레스에 견디는 능력, 세균 바이러스 등의 생물학적 스트레스에 견디는 능력, 피로 등 생리적 스트레스에 견디는 능력을 포함한다.

평소 내가 읽는 부류의 책들만 읽었다면 절대 눈에 들어오지 않았을 단어. 생활스포츠지도사 자격증 공부를 하며 내가 개인적으로 얻은 가장 큰 효과가 있다면 운동 분야 전문 용어들이 술술 읽힌다는 것이다. 전혀 예상치 못한 효과였지만 너무 만족스럽다. 운동을 해서 체력이 좋아지는 것도 좋지만 이론적으로 뒷받침되는 이유를 책 속에서 발견할 수 있다는 건 살아가는데 또 다른 재미다.

몸에 대해 공부하고 싶어 잡지사를 그만두었다는

『서른다섯, 내 몸부터 챙깁시다』 최혜미 작가는 한의사다. 서울대 의류학과를 졸업하고 패션잡지 에디터로 일하다 4년 차에 그만둔 이유가 여성들의 몸에 대해 공부하고 싶었기 때문이라고 한다. 무언가 예사롭지 않다. 그녀의 책 속에는 그림도 함께 있는데 그림마저 그녀가 그린 그림이란다.

나도 내가 그린 그림으로 책을 채우고 싶다는 생각을 한 적이 있는데 그래서인지 살짝 부러운 마음으로 그녀의 책을 읽었다.

여자라면 궁금해할 내용으로 목차가 가득 차 있다. 월경전증후군, 월경불순, 수족냉증, 체지방과 나잇살, 자궁근종, 자궁절제, 난임 등... 그중에서도 그녀의 이야기를 한 문장으로 요약하면 이렇다. '기본을 지키는 것이 최고의 건강 비법이다.' 기본에 대해 그녀는 이렇게 설명한다.

'잘 먹고 잘 소화하고 잘 배변하며 푹 잘 자는 것'

환자들을 만날 때면 생각보다 자신의 몸에 무관심하다는 사실에 놀라곤 했다고 한다. 실체가 있는 몸에 대해서도 이렇게 무심한데 보이지 않는 마음의 피로와 불편은 얼마나 더 외면하고 있을까 하는 생각까지 들었다고. 몸 건강뿐 아니라 마음 건강까지 소중히 생각하는 그녀의 글이 그래서 따뜻하게 느껴졌나 보다.

내 몸을 알아야 할 나이는 따로 없다.

40대 후반인 나는 50대 내 모습이 자주 궁금하다. 5년 뒤에는 어떤 모습일지 10년 뒤에는 또 어떤 모습을 하고 있을지 살짝 궁금하고 많이 떨린다. 그럼에도 크게 걱정이 되지 않는 이유는 지금 운동을 하고 있고, 제철 재료를 먹으려 노력하고, 하루 7시간은 자고 있기 때문이다. 운동과 식습관과 수면. 이 3가지만 잘 챙겨간다면 다른 것들은 크게 문제가 되지 않을 거라 믿고 있다. 아니 중간중간 크고 작은 문제가 발생하더라도 '방위 체력'과 함께라면 잘 헤쳐갈 수 있을 거라 믿는다.

운동하는 이유를 모르겠다고? 몸 공부를 왜 해야 하냐고? 먹는 것과 자는 것에는 왜 그렇게 신경을 써야 하는지 모르겠다고? 그렇다면 그 이유를 방위 체력을 키우기 위해서라고 하면 어떨까? 사람마다 각자의 목표와 상황은 다르겠지만 방향 설정을 '방위 체력을 위한 근력 키우기'로 잡는다면 몸 건강 마음 건강을 향한 좋은 나침반이 되어 줄 것 같다.

서른다섯, 내 몸부터 챙깁시다

최혜미 저 | 푸른숲 | 2019

나는 한의원을 좋아한다. 그 이유를 생각해 본 적이 있는데 내 생각에 병원은 치료가 목적이라면 한방은 예방이 목적이라고 생각하기 때문이다. 그렇게 생각하는 나의 경험을 이야기해 보자면 이렇다. 한 달에 한 번 생리 날짜가 되면 넘치도록 쏟아지는 생리양 때문에 산부인과에서 수술을 권유받았다. 자궁적출하자는 병원도 있었다.

하지만 오랜 고민 끝에 한의원을 다니며 뜸치료만 했다. 2년이 지난 지금은 모든 증상이 사라졌다. 느렸지만 나에게 맞는 좋은 치료법이었다. 출근도 할 수 없을 만큼 불편할 땐 '계속 직장을 다닐 수 있을까?' 하는 생각마저 했더랬다. 물론 지금은 언제 그랬냐 싶게 건강해졌다. 이 책에서 설명해 주는 여성 몸 리듬 이야기는 구구절절 고개를 끄덕일 수밖에 없었다.

책 속 필사하고 싶은 한 문장

잘 먹고 잘 소화하고 푹 잘 자는 것, 기본을 지키는 것이 최고의 건강 비법이다.

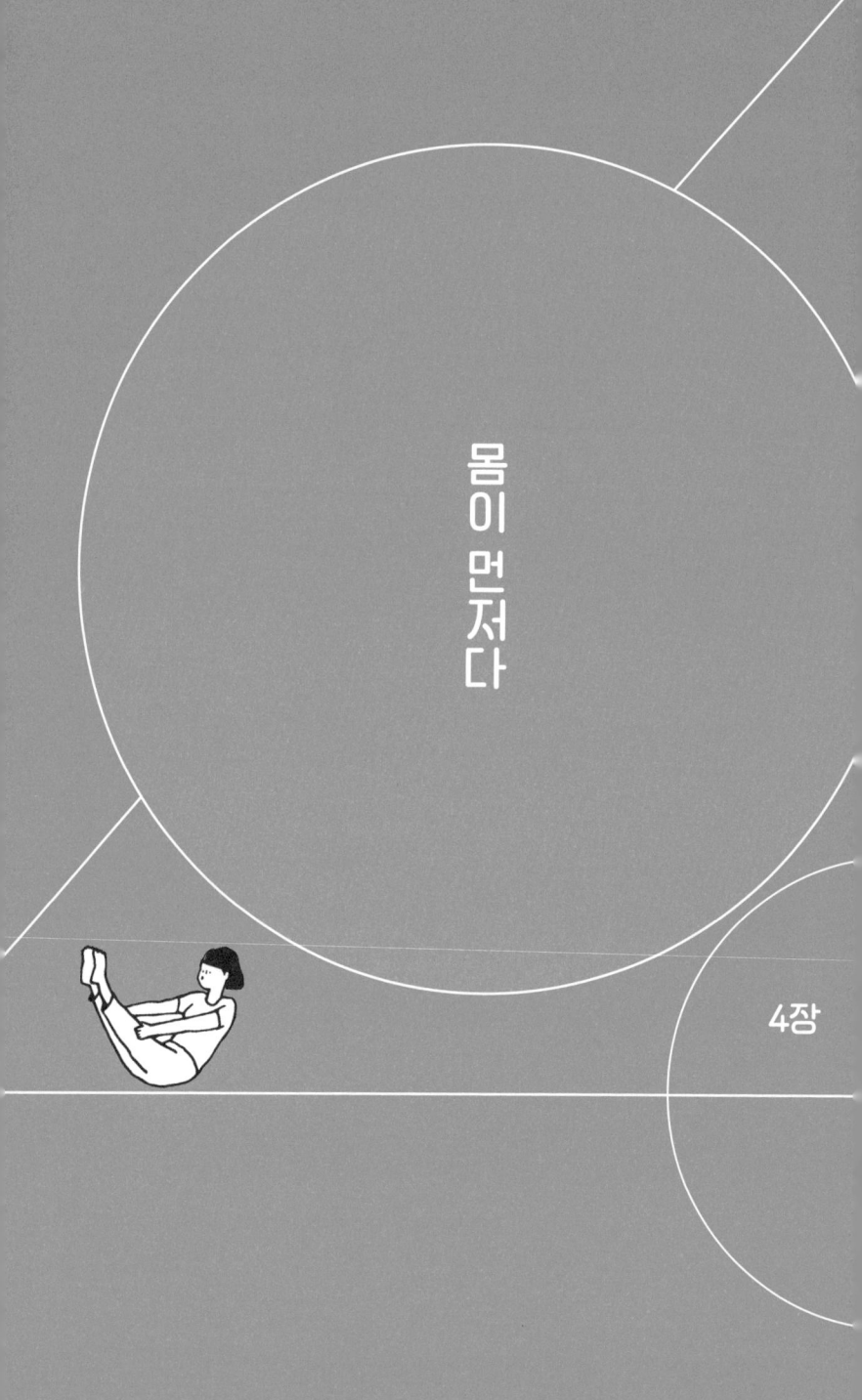

몸이 먼저다

4장

> "나를 들여다보는 데에는
> 산책만한 책이 없다."
>
> _ 『걷기의 말들』 중에서

1. 아무것도 할 수 없을 땐 걷기

살리고 싶었지만 살릴 수 없었던 순간

결혼 8년 만에 우리 부부에게도 2세가 찾아왔다. 시험관을 몇 번 시도해 보고 이 길은 내가 계속 가야 할 길은 아니라는 생각에 마음을 비우고 있었는데 자연임신이 된 것이다. 축하를 받는 시간이 한동안 이어졌지만 결국 24주에 보내줘야 했다. 태아를 치료하는 병원까지 찾아다니며 할 수 있는 건 다 했지만, 뱃속에 있는 아이에게 내가 해 줄 수 있는 것은 많지 않았다.

심장은 멈췄는데 출산해야 한다고 했다. 출산이라니, 마취 주사로 잠시 잠들었다 일어나면 모든 것이 끝나 있기를 바랐는데 그럴 수 없었다. 결국 보내는 것도 내 힘으로 해야 했다. 뱃속 새 생명을 만났다는 기쁨도 잠시, 아픈 태아를 품고 고칠 방법들을 찾아 헤매다 24주가 되어 심장이 멈췄다는 소식을 듣고 보내줘야 한다는 사실을 알았을 때... 정신줄을 잠시 놓고 싶었다. 하지만 남편을 생각하면 그래선 안 될 일이었다. 옆에서 단 한 순간도 혼자 있게 하지 않았던 남편을 생각하면 억지로라도 정신을 붙들어 매야 했다.

태아가 아프다는 것은 13주에 처음 알았다. 하지만 아프다는 이유로 심장이 뛰는 생명을 포기할 수는 없었다. 뱃속 태아가 건강하지 않다는 진단을 7곳의 병원에서 들었지만 24주가 될 때까지 한 번도 눈물이 나지 않았다. 현실적으로 다가오지 않았다. 어쩌면 끝까지 현실이 아니길 바랐는지도 모르겠다.

24주가 되던 날, 신랑은 출근하고 혼자 조용히 책을 읽는데 기분이 이상했다. 병원을 가야 하는 날이 아니었는데 왠지 오늘은 병원을 들려야 할 것만 같았다. 평소 신랑과 함께 다니던 병원은 거리가 멀기도 해서 가까운 집 앞 산부인과에 들렀다. 한 번도 혼자 산부인과엘 간 적이 없었는데 하필이면 그날은 신랑이 지방으로 출장 간 날이었다.

심장이 멈추었다고 했다.

언제든지 괜찮다고 생각하며 맘먹고 있었는데 하필 신랑 없이 혼자 있는 오늘, 심장이 멈췄다. 의사의 사망 진단을 듣고 운전해서 집으로 돌아오는데 왈칵 눈물이 쏟아졌다. 아무도 없는 차 안이니 소리 내어 엉엉 울었다. 그동안 애써 참은 눈물까지 한꺼번에 쏟아지는 것 같았다. '내가 널 포기할 수 없었는데 네가 먼저 날 포기해 줘서 고맙다'는 말이 입에서 나왔다. 그동안 건강하지 않은 아이를 감당할 수 있을지 없을지 고민하던 내 마음을 들켜버린 것만 같아 미안함과 부끄러움이 한꺼번에 몰려왔다.

출산을 위한 진통은 다음 날 아침이 될 때까지 13시간 동안 이어졌다. 배가 너무 아프다며 간호사를 불렀더니 평소 생리 때 아픈 것보다 10배가 아프면 부르라고 했다. 10배라니. 전혀 예측되지 않았다. 유도분만제를 맞아 그나마 시간은 빨라질 거라 했다. 밤새 꼬박 진통하고 해가 떠서야 수술실로 옮겨졌다.

내 힘으로 밀어내라고 했다. 난 출산을 해도 엄마가 될 예정이 아닌데, 날 엄마라고 부르는 수술실 관계자들이 참으로 무심하게 느껴졌다. 수술실은 참 추웠다. 결국 난 심장이 멈춘 아이를 내 힘으로 낳았다. 마취도 하지 않아 온전히 느끼고 들었다.

엄마는 일주일 내내 미역국을 끓여댔다.

남편과 엄마와 함께 퇴원했다. 신랑은 집 안을 정리하고 엄마는 미역국을 끓였다. 국그릇 가득 담긴 미역국을 나는 아무 말 없이 잘도 받아먹었다. 신랑은 무얼 하는지 바빠 보였다. 나중에 알게 된 사실이지만 신랑은 병실에 있는 나를 엄마에게 맡기고 박스에 담긴 시신을 처리하기 위해 동분서주했다고 한다. 수술실에서 나온 시신은 병원 장례식장에서도 받아주지 않아 급하게 상조회사를 알아봐야 했다고 한다.

병원에서 써 준 사망진단서로 집 근처 화장장에서 처리할 수 있었다고 했다. 나중에 받아본 사망진단서에는 내 이름만 있었다. 신랑 이름은 없었다. 낳은 사람은 있지만 출생신고를 한 적이 없으니 부모는 없는 상태였다. 무언가 슬픈 드라마 주인공이 된 것 같은 기분에 점점 멍해져 갔다.

엄마가 집 앞 공원으로 걸으러 가자고 했다.

하루 3끼 미역국만 먹으며 일주일이 넘어가던 날이었다. 엄마가 집 앞 공원으로 걸으러 가자고 했다. 싫다고 거부할 에너지도 없어서 그냥 조용히 옷을 입었다. 엘리베이터를 타고 내려가 현관을 나섰다. 아파트 앞 건널목을 건너자마자 공원 길이 나타나는데 그날따라 동네가 낯설게 느껴졌다.

아파트 입구, 상가, 길 건너편 공원, 자주 가던 카페, 신호등 건너편 과일 가게까지 주변 풍경은 바뀐 게 없는데 모든 게 새롭게 다가왔다. 엄마가 갑자기 내 손을 잡았다. 점점 멍해져 가는 딸의 기운을 느낀 걸까? 아무 말도 하지 않고 손을 꽈악 잡더니 조금 빠른 걸음으로 내 몸을 이끌었다.

평소 엄마와 난 살가운 관계는 아니다. 그렇다고 사이가 아주 나쁜 편도 아니었다. 공감과 이해보다는 책임감에 가까운 관계라고나 할까. 엄마가 아무 말 없이 내 손을 꼭 잡고 걷기 시작했다. 딸 집에 몇 번 와보지 않아서 모르는 길일 텐데 엄마는 딸 손을 꼬옥 잡고 잘도 걸었다. 속에서 무언가 뜨거운 것이 올라오려 했다. 애써 참으며 못 이긴 듯 엄마 손에 이끌려 걸었다.

아무것도 할 수 없을 땐 걷기

요즘에도 아무것도 할 수 없는 날엔 그냥 걷는다. 걷다 보면 그날이 떠오른다. 눈에 초점은 없고 정신은 반쯤 나가 있던 내 모습이 보인다. 그날 이후 한동안 매일 걸었다. 엄마는 일주일 동안 미역국을 끓여주고 청소를 하고 빨래를 하다 아빠가 있는 집으로 돌아갔다. 신랑이 출근하고 혼자 남은 나는 엄마와 걷던 길을 계속 걸었다.

걷고 또 걸었다. 걷는 것 외엔 아무것도 할 수가 없었다. 하고 싶은 것도 없고 만나고 싶은 사람도 없었다. 평소 하고 싶은 게 많아서 주체를 할 수 없던 내가 하고 싶은 게 없다니... 도대체 이 상황을 어떻게 건너갈 수 있을까 싶었다. 다행히 걸었을 뿐인데 조금씩 앞으로 나갈 용기가 났다. 다시 살 수 있을 것 같았다. 죽을 용기는 원래부터 없었지만 이제 살 수 있겠다 싶었다. 그렇게 걷고 또 걷다 복직을 했다.

다행히 사무실에서 사람들을 만나며 천천히 상태가 좋아졌다. 처음에는 직원들이 간식을 먹자고 해도 가지 않던 내가 어느 순간 예전의 모습으로 돌아가고 있었다. 하기 싫은 행동은 애써서 하지 않고 나 자신이 스스로 회복하도록 천천히 놔둔 덕분이었다. 지금 생각하니 그 당시 함께 하던 동료들이 지켜봐 주고 기다려준 덕분인 것 같다.

요즘에도 난 자주 걷는다. 헬스장 가기 싫은 날, 책 읽기 싫은 날, 그렇다고 마냥 쉬기도 싫은 날, 그런 날이 나에겐 걷는 날이다. 걷기는 근력 운동이라고 생각하지 않지만 걷는 것만으로도 위로가 되는 그런 날이 있다. 발을 움직여 걷다 보면 그날의 내가 지금의 나에게 말을 건다.

'괜찮지?'라고...

걷기의 말들
마녀체력 저 | 유유 | 2022

'아, 모르겠다,
일단 걷고 돌아와서 마저 고민하자.'
-『걷는 사람, 하정우』중에서

『걷기의 말들』을 쓴 마녀체력 이영미 작가는 안 그래도 배우 하정우 씨에게 '누가 더 잘 걷나' 도전장을 날리고 싶었는데 원고 제안이 들어왔을 때 마침 잘 되었다는 생각이 들었다고 했다.

『걷는 사람, 하정우』를 재밌게 읽은 나였기에 이 책은 걷기라는 연결 선상에서 또 다른 재미가 있었다. 과연 걷기라는 키워드로 얼마나 많은 이야기를 할 수 있을까 싶었지만 작가님의 스토리뿐 아니라 무수히 많은 새로운 책들 이야기도 함께 들려줬다. 알알이 줄사탕처럼 여기에 담긴 또 다른 책들을 사서 읽느라 걷기라는 종목에 한참을 빠져 있었다.

책 속 필사하고 싶은 한 문장

걷기는 생각하고, 관찰하고, 글을 쓰는 시간이다.

2. 엄마의 요가

자식은 부모의 등을 보며 큰다고 했던가?

난 운동하는 엄마를 보며 자랐다. 물론 운동으로 치자면 40년 동안 한 종목만을 해 온 아빠도 빼놓을 수 없지만 아빠 운동 종목은 다음 장에서 풀어보기로 한다. 어릴 적 엄마와 단둘이 집 앞 시장을 가거나 엄마 지인들을 만날 일이 있을 때면 "딸이 아빠 닮았나 보네." 하는 말을 종종 듣곤 했다. 그 말인즉슨 딸이 엄마를 닮지 않았다는 것이다.

예쁜 딸(물론 우리 엄마 시각에서)을 자랑삼아 함께 시장을 다니던 엄마는 애써 미소를 잃지 않으며 대답하곤 했다. "아~네..."하고 간단하게 대답했지만 약간의 섭섭함이 묻어 나오는 엄마의 대답이 나는 내심 싫지 않았다. 아들 둘에 딸

하나, 나는 엄마의 유일한 딸이었다. 엄마는 은근히 딸인 내가 자신을 닮아줬으면 하는 마음이 있었던 걸까?

저녁 7시가 되면 엄마는 전화를 받지 않는다.

75세 엄마의 저녁 루틴은 요가다. 2년 가까이 되어간다. 저녁 7시는 엄마의 요가 시간이다. 처음에 엄마가 전화를 받지 않을 때는 깜짝 놀라 무슨 일이 있는 건가 싶어 여러 번 전화하거나 아빠에게 다시 전화를 걸기도 했지만 이젠 놀라지 않는다. 누구에게도 방해받고 싶지 않은 엄마의 요가 시간을 지켜드려야 한다는 걸 알고 있기 때문이다.

75세에 요가하는 엄마라니... 우리 엄마니까 그런가 보다 했다. 남의 엄마였다면 너무나 멋진 엄마라며 "어머 어머~ 너네 엄마 정말 대단하시다." 하면서 호들갑을 떨었을 테지만 나의 엄마 루틴이라 심심하게 흘려듣곤 했다. 최근 엄마 모습을 보면 요가하기 전 엄마와 저녁 요가를 하는 엄마로 나뉜다.

요가 덕분에 잘 살고 있다며 그 시간만큼은 방해를 받고 싶지 않아 하는 걸 보면 정말 좋기는 좋은가 보다. 그러고 보니 요가의 어떤 점이 좋냐고 한 번도 물어보지를 못했다. 엄마의 요가와 그동안 내가 해오던 요가는 분명 다를 텐데 나는 왜 한 번도 물어봐 주질 못했을까?

소설 속 딸과 엄마

시노다 세쓰코의 소설 『퍼스트레이디』의 주인공은 30대 후반의 여성이다. 그녀는 당뇨병을 앓고 있는 엄마 대신, 병원을 개업한 아버지의 '퍼스트레이디' 역을 맡아 대외 활동을 하며 병원을 꾸려나간다.

엄마는 간 이식이 필요했다. 그런 엄마에게 간 이식 이야기를 꺼내자, 엄마는 "네가 해주면 제일 좋지."라고 눈을 반짝거린다. 엄마는 딸 이외에는 그 누구의 간도 이식받고 싶지 않다고 했다.

엄마는 딸의 몸이 자신의 몸과 같다고 생각했기 때문이다. 아무 거리낌 없이 '네 몸은 내 몸'이라고 말하는 엄마에게 딸은 위화감을 느낀다. 그리고 은근슬쩍 남동생이 간 이식을 하면 어떨지 묻자, 엄마는 격하게 거부하며 이렇게 말했다.

"아프지도 않은 몸에 칼을 대다니, 큰일이라도 나면 어떡해? 어느 부모가 그런 일을 시키고 싶겠어?"

엄마가 자식 둘 중 한 명은 사랑하는 자식, 다른 한 명은 본인의 일부라고 생각한다는 사실을 안 그녀는 극심한 혐오와 공포를 느꼈다. 그리고 그날 밤, 집을 나가기로 결심한다.

여기까지 읽으며 난 내가 쓴 글인 줄 알았다. 엄마는 여섯 딸 중 첫째였다. 아들 형제 없이 자라서인지 오빠를 유독 애달파했다. 자신과 비슷한 모습을 보이면 보이는 대로 자신과 다른 모습을 보이면 닮지 않았다는 이유로 감싸고 편을 들었다. 엄마의 관심이 부담스러웠는지 오빠는 어릴 적부터 친구들과 함께 종종 가출했다. 소설 속에선 딸이 집을 나갔는데 우리 집에선 아들이 집을 나갔다.

나의 75세엔 어떤 운동을 하고 있을까?

자식은 부모의 등을 보며 자란다고 했던가? 75세에 매일 요가하는 엄마의 딸은 이제 50살을 향해 간다. 엄마의 나이가 된 딸의 75세엔 어떤 운동을 하고 있을까? 나는 어떤 종목과 저녁 시간을 보내고 있을까?

엄마처럼 요가일지 지금 빠져있는 헬스일지 모르겠지만, 확실한 건 나이를 잊고 어떤 운동에라도 빠져 몰입감을 느끼고 있을 거라는 사실이다. 그런 생각이 드는 걸 보면 부모가 자식에서 물려줄 수 있는 가장 큰 유산은 운동하는 뒷모습일지도 모르겠다.

요가 매트만큼의 세계
이아림 저 | 북라이프 | 2018

이아림 작가가 쓴 『요가 매트만큼의 세계』에서도 '엄마와 요가'라는 부분이 나온다. 3개월 전부터 배운 엄마의 요가에 대한 스토리였는데 난 요가 이야기보다 딸과 엄마와의 관계가 더 눈에 들어왔다. 그 복잡 미묘한 관계를 작가는 이렇게 표현했다.

'우리 둘은 미묘히 어긋나 있다. 불행한 방향으로 5센티미터쯤 틈이 나 있다. 난 안다. 그 틈은 앞으로도 결코 좁혀지지 않을 것이다. 엄마에게 무슨 말인가 하려고 할 때 마음속으로 이런저런 것들을 한참 솎아내는 자신을 발견한다.'

여자로 태어나 엄마와의 관계를 한 번쯤 고민 안 해본 사람이 있을까? 요가로 대동단결해지는 순간은 놓칠 수 없다.

책 속 필사하고 싶은 한 문장

자신만의 기준을 새롭게 세워보는 건 어떨까. 어쩌면 나는 지금 이대로 충분한지도 모른다.

3. 아빠의 테니스

아빠는 백수다.

30년 넘게 직장 생활을 하고 난 후 백수 생활이니 요즘 누구보다 노년을 맘껏 즐기고 있다. 어릴 적 아빠를 생각하면 출근길 아빠 모습이 가장 많이 떠오른다. 그것도 자주. 선명하게.

아빠는 출근할 때면 테니스채가 꽂힌 백팩을 매일 메고 나갔다. 내가 중학생이 되고 고등학생이 되고 대학생이 될 때까지 아빠 출근 모습은 한결 같았다. 시간은 남들보다 1~2시간이 이른 시간이었던 걸로 기억이 난다. 왜냐하면 아빠는 사무실로 출근하기 전 테니스장에 들러 지인들과 경기를 한 후 샤워를 하고 출근한다는 이야기를 종종 했었기 때문이다.

남들 아빠도 다 그렇게 사는 줄 알았다.

직장인이라면 누구나 다 20년 된 운동 종목 하나쯤은 가지고 있는 줄 알았다. 하지만 내가 직장인이 되어 보고서야 그게 얼마나 대단한 습관인지 깨달았다. 20년을 직장 출퇴근만으로도 채우기 어려운데 평생 나만의 운동 종목이 있다는 사실은 아무나 쉽게 가질 수 있는 루틴이 아니라는 것을 알게 되었다.

『느리게 나이 드는 습관』 책 표지에는 이런 무시무시한 문장이 쓰여 있다.

"지금 무심코 하는 행동이 20년 후 나의 질병 목록이 되어 나타난다."

오늘 무심코 한 나의 행동들이 20년 후 질병 목록이 되어 나타난다니 깜짝 놀라 내 습관들을 둘러보게 된다. 그러면서 아빠가 또 생각났다. 매일 아침 일어나자마자 두 손으로 무릎을 감싸안고 몸을 좌우로 돌려 스트레칭하던 모습

말이다.

엄마는 아빠를 평생 한 번도 깨워본 적이 없다며 가끔 칭찬하곤 했다. 평소 아빠 칭찬에 인색하던 엄마도 아빠가 스스로 건강을 지키는 모습은 믿음직스럽게 생각했다. 가끔 술 마시고 아파트 계단부터 요란하게 집으로 입장할 때면 칭찬하던 엄마는 온데간데없이 사라졌지만 말이다.

자식에게는 한 번도 테니스를 권한 적이 없다.

테니스를 평생 쳐온 아빠였지만 삼남매에게 테니스를 권한 적은 없었다. 오빠가 고등학생 때 한번 레슨을 시켰던 것 같다. 하지만 오빠가 잠깐 배우고 관심 없어 하니 더 이상 배우라고 강요하지 않았다. 아빠는 알고 있었던 것 같다. 사람마다 좋아하는 운동 종목은 다를 수 있다는 것을...

강압적으로 운동을 하라고 한 적은 없었지만 아빠가 운동 관련해서 자주 하는 말은 있었다. "어떤 종목이든지 운동은 꼭 매일 하면서 살아야 해~"하는 말이다. 딸이 직장인이 된 후에는 기회가 될 때마다 더 자주 말했다. 건강과 운동에 관한 한 누구보다 몸소 실천하고 있는 아빠였기 때문에 허투루 들리지 않았다.

운동을 생활화한 아빠 모습이 실제 나이보다 훨씬 젊어 보이는 것이 좋아 보였다. 술을 아무리 많이 먹어도 다음 날 아침이면 벌떡 일어나서 테니스채를 꼽은 백팩을 메고 출근하는 모습은 어린 내가 보기에도 '아빠의 체력은 운동 덕분인가?' 싶었다.

운동습관이라는 가장 큰 자산

그러고 보니 우리 가족이 명절에 만날 때면 탁구장을 가곤 했다. 부부끼리 편을 먹고 치면서 밥값 내기를 했다. 부모님과 함께 살 때는 미처 몰랐는데 부모님과 산 세월보다 함께 살지 않은 세월이 더 길어지고 보니 이제야 우리 가족 모습이 더 잘 보인다. 어쩌면 우리 가족은 예전부터 생활체육인 가족이었던 것 같다. 일명 '생체 가족'이다.

요즘 우리 부부가 '헬스 하는 부부'로 불리는 건 대를 건너 이어가고 있는 자산인지도 모른다. 돈으로 살 수 없는 '운동 습관'이라는 가장 큰 자산 말이다.

느리게 나이드는 습관
정희원 저 | 한빛라이프 | 2023

정희원 작가는 내과 실습 시절, 응급실에 실려 온 환자가 먹던 처방 약 중 특정 약을 빼자 며칠 만에 멀쩡해지는 모습을 본 후 노인의학에 매료되었다고 한다.

책 속에 나오는 노인 전문 선생님이 들려주는 근력 운동의 중요성은 구구절절 맞는 말이라 짧게 요약하기도 힘들 정도다. 그중에서 내가 뽑은 명문장 3가지는 이렇다.

1. 전문가에게 운동을 배우는 것은 아주 수익률이 높은 투자다.
2. 부상을 예방하고 그로 인한 시간과 비용의 손실을 막아준다.
3. 운동을 제대로 배우면 비효율적인 동작이나 방법으로 시간을 낭비할 가능성이 작다.

책 속 필사하고 싶은 한 문장

노년기 삶의 질을 위해 중요한 근육은 많지만 가장 중요하게 챙겨야 하는 것은 코어와 둔근이다.

4. 쳐다만 보던 남편이 드디어

2년 동안 쳐다만 본 남편

마누라가 헬스에 빠져 바프를 찍네, 자격증을 따네 해도 자신의 저녁 루틴을 고수하는 남편이었다. 저녁 루틴이라 해도 특별할 건 없었다. 마누라보다 매일 2시간 일찍 퇴근해 집에 오니 빨래, 설거지 같은 집안일을 조금 해 두고 TV와 물아일체가 되는 것이 평일 저녁의 모습이었다.

물론 그렇다고 관심 없는 방관자 스타일은 아니었고 마누라가 바프를 찍는 날엔 운전기사 역할을 충실히 해 주었을 뿐만 아니라, 생활스포츠지도사 자격증 시험을 치른다고 할 땐 필기 시험 장소인 방통대와 실기 시험 장소인 한국체육대학교까지 따라다니며 학부모 역할을 완벽히 해 주었다.

그러니 헬스를 같이 하자고까지는 말할 수 없었다.

남편의 눈빛과 태도가 '네가 헬스가 그렇게 좋다면 그냥 너 혼자 즐겨주면 안 되겠니?'라고 말하고 있었기 때문이다. 식단 조절하고 있는 마누라를 전혀 개의치 않고 '이거 시켜 먹자, 저거 먹으러 나가자'고 할 때는 정말이지 속으로 참을 인(忍)자를 몇 번 써 내려가야 했다.

그러다 어떻게 남편도 헬스인이 되었을까?

그러게, 대체 어떻게 바뀌게 되었을까? 지금 생각해 보니 어쩌면 돈 때문이었는지도 모르겠다. 평소 가성비를 따지는 남편이다 보니 비싼 PT를 받으며 몸이 좋아지고 있는 아내의 모습은 전혀 와닿지 않았을 수 있다. 남편의 성향상 '운동을 왜 돈 주고 배워?'라는 생각도 깔려 있었을 것이다.

그래서 우선 돈으로 꼬드겨 보았다. 헬스장을 간다면 내가 모든 비용을 내주겠다고 했다. 3년 전, 새해를 맞이한 어느 날, '내 복지카드 1년 치를 당신의 운동에 투자하겠다. PT를 경험해 볼 생각이 있냐?' 했더니 기회를 놓치지 않는 남편이 대번에 덥석 물었다.

나도 뭐 기회라고 생각했다. 남편을 우선 헬스장에 입성시키는 방법. 나 또한 이런 좋은 기회를 놓치지 않기로 했다. 돈으로 할 수 있는 투자가 어쩌면 가장 쉬운 투자인지 모른다. 하물며 돈 주고 건강을 살 수만 있다면 평생 베프인 배우자를 위해 충분히 하고도 남을 일이었다.

막상 남편은 하겠다고 말은 해 놓고서는 망설이는 듯 보였다. 성향상 새로운 무언가를 한번 시작하기는 어려워도 막상 하기 시작하면 누구보다 잘하는 사람이기 때문에 살짝 겁이 났던 것 같다. 이 세계에 발을 들이면 자신도 모르게 빠져들지 모른다는 불안감이라고나 할까.

『생활체육과 시』엔 '무동력 트레드밀 위에서의 단상'이라는 챕터가 나온다.

그동안 헬스장을 드나들며 나 또한 트레드밀 위에서 많은 생각을 했다. 헬스장은 남자들이 더 많은 공간이다. 여자에게 편치만은 않은 공간이라는 이야기다. 내가 그동안 헬스장을 오가며 해 온 생각들을 흘려보내지 않고 정리했다면 나는 시집이 아니라 300페이지의 산문집 한 권이 나왔을지 모른다.

내가 근력 운동을 한 뒤, 마무리 운동으로 트레드밀 위에 올라서서 한 생각이란 주로 남편 생각이었다. 생각은 딱 2가지 종류로 나뉜다. 첫 번째는 '어떻게 하면 남편도 근력 운동을 하게끔 할 수 있을까?' 하는 것이었고, 두 번째는 '그래도 억지로 하게끔 하면 안 된다'라는 감정 절제에 대한 생각이었다.

헬스장을 혼자 왔다 갔다 하던 초반 2년 동안 하루에도 수십 번씩 마음이 왔다 갔다 했다. 그러는 와중에도 확실한 생각 한 가지는 어떤 경우에든 '해라' '왜 안 하냐?' 등 부정적인 말투나 방법을 써서는 절대 안 된다는 것이었다. '함께 했으면 좋겠다' 라던지, '당신도 하면 멋있을 것 같다' 등의 긍정적인 말과 방법을 써야 한다는 것이었다.

내가 남편과 나누고 싶었던 것은 돈 이상의 운동 가치였다.

나 혼자 헬스장을 다닌 지는 5년 차가 되었고 신랑과 함께 다닌 지는 2년이 넘었다. 역시 예상했던 대로 내가 끊어 준 PT 30회를 꽉 채우고는 신랑 스스로 더 빠져들었다. 요즘엔 내가 비용을 내 주지 않더라도 자신의 월급으로 주 2회 PT를 받아 가며 몸을 변화시키고 있다. 돈 이상의 가치를 느긴 듯하다.

2년 전 침대에 누워 리모컨하고만 놀던 신랑의 모습은 이제 찾아볼 수 없다. 일정 없는 주말이면 헬스장을 함께 가 2시간씩 운동하고 오는 게 이제 우리 부부의 가장 큰 즐거움이다. 가끔 생각한다. 어떻게 마누라가 헬스에 빠져 2년을 혼자 헬스장을 다니는 데도 관심이 없을 수 있었는지… 지금 생각하면 바프도 찍고 관련 자격증 공부도 해 보겠다며 준비하는 지금의 남편 모습보다 그 당시 무심하던 모습이 더 신기하다. 그게 어떻게 가능했을까 싶다. 아무래도 책으로 사람이 변하는 것보다 운동으로 변하는 것이 더 빠르고 더 확실한 결과를 초래하는 것 같다.

(덧붙이자면)

생활스포츠지도사 공부를 하던 남편은 현재 필기 과목을 높은 점수로 통과하더니 실기·구술 시험을 거쳐 일주일간의 연수 과정만을 앞두고 있다. 요즘, 아는 만큼 헬스가 더 재밌어졌다고 말하곤 하는데 그 말에 왜 내가 더 신이 나는지 모르겠다.

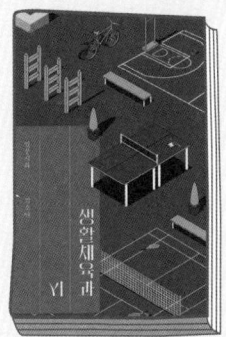

생활체육과 시
김소연 저 | 아침달 | 2024

희한한 시집을 발견했다. 아니 희한한 제목의 시집을 발견했다. 생활체육과 시라니.. '생활체육'이란 단어와 '시'란 단어가 나란히 연결될 수 있다는 사실을 처음 알았다. 정말 시인들의 단어 조합 기술은 놀랍다.

김소연 작가는 여자 이름인 것 같았는데 글은 남자 같아서 네이버에 검색을 해 봤다. 여자 작가다. 『수학자의 아침』을 쓴 작가와 동일 인물이었다니 몰랐다. 나만의 퍼즐이 한 칸 더 맞춰진 기분이다.

제목에는 나에게 낯익은 '생활체육'이라는 단어가 있었지만 시는 역시 낯설었다. 혹시나 걷기나 달리기 같은 글쓰는 사람에게 익숙한 종목에 대한 단상이 나올까 하고 찾아봤는데 그렇지는 않았다. 시를 이해해야 생각이 깊이가 깊어진다는데 나는 아직 갈 길이 먼 것 같다.

책 속 필사하고 싶은 한 문장

육체에 깃든 모든 사연들이 총망라되어 있는 시의 언어를 상상한다.

5. 고수의 운동법

난 글쓰는 사람을 애정한다.

운동하는 사람은 리스펙한다. 운동도 하고 글도 쓰는 사람에겐 나도 모르게 빠져든다. 내가 하루키 작가와 한근태 작가의 골수팬인 이유다.

일상에서 글감을 찾아내 글을 쓴다는 건 자기만의 필터를 가지고 있다는 것이기 때문에 내 눈엔 너무나 사랑스럽다. 운동이 직업이 아닌데도 몸을 움직이는 삶을 살아내고 있다는 것은 그 자체만으로 충분히 가치 있는 삶이라는 생각에 존경스럽기까지 하다.

하루키 작가는 소설가이면서 마라토너이고, 한근태 작가

는 헬스에 빠진 지 15년 동안 근력 운동의 필요성을 이야기하며 운동 전도사가 되었다.

하루키 작가가 쓴 에세이『달리기를 말할 때 내가 하고 싶은 이야기』를 보면 그가 얼마나 진심으로 달리기를 대하는지 알 수 있고, 한근태 작가가 쓴『몸이 먼저다』와『고수의 몸 이야기』는 중년 독자에게 운동 붐을 일으켰다고 해도 과언이 아니다.

나 또한 운동이 습관이 된 이후에는 행복하기 위해 운동했다. 누군가 내게 언제가 가장 행복하냐고 물어보면 운동 후 샤워를 한 뒤 집으로 돌아갈 때가 가장 행복하다고 말할 것 같다.

힘든 근육운동을 한 뒤 땀에 젖은 상태로 따뜻한 물로 샤워를 하면 나도 모르게 미소가 지어지면서 기분이 좋아진다. 운동하고 집으로 돌아오는 길에 맞는 저녁바람이 그렇게 상쾌할 수 없다. 엔도르핀이 마구 쏟아지는 느낌이다. 운동하지 않는 사람들에게는 도저히 설명할 수 없는, 본인이 직접 해 봐야 느낄 수 있는 기분이다.

요즘 운동은 나에겐 신성한 의식이다. 난 이를 '운동재계'라고 부른다. 목욕재계의 재계를 차용한 말이다. 중요한 일이 있기 전 몸을 깨끗이 하고 몸가짐을 다듬듯이 내게는 운동이 그렇다. 운동재계는 하루를 경건하게 시작하고 타인을 만나기 전 내 몸을 정화하는 의식이다.

내게 새벽 글 쓰는 시간은 뇌를 운동시키는 시간인데 뇌만 운동하면 몸의 균형이 무너진다. 운동은 몸을 움직여 균형을 맞추는 일이다. 운동하면서 오늘 일이 무엇이고 오늘 만날 사람이 누구인지 하루 계획을 정리한다. 아무 생각 없이 하루를 시작하고 누군가를 만나는 것과 운동 재계 후 하루를 보내는 것은 아주 다르다.

'운동은 단순히 몸을 건강하게 하는 시간을 넘어 새로운 하루를 여는 나만의 의식이 되었다.'
– 한근태, 『고수의 몸 이야기』 중에서

새벽에 일어나 글 쓰다 글이 막힌다 싶으면 헬스장으로 향하는 한근태 작가의 모습이 그려지는 장면이다. 운동이 하루를 시작하는 의식이라니 하루를 마감하는 방법으로 운동을 선택한 나와는 또 다른 느낌이라 어떤 기분일지 경험해 보고 싶어진다.

삶에 운동을 녹여내기

내가 생각하는 고수는 일만 잘하는 사람이 아니다. 삶에 운동을 녹여내 루틴으로 자리 잡은 사람. 운동으로 얻은 활력을 글로 풀어내 나누는 사람. 그런 사람이 내게는 고수다. 나도 그런 고수가 되고 싶다.

고수의 몸 이야기

한근태 저 | 미래의창 | 2020

글로 만난 나의 지인이라면 한근태 작가를 향한 나의 애정을 모르는 사람이 없다. 몇 년 전까지 내 인생 목표가 여자 한근태라고 했을 정도니 말이다.

이유는 명확하다. 한근태 작가의 책들이 내 관심사와 일치했기 때문이다. 개인적으로 나는 고수들이 자신의 몸을 어떻게 인식하고 살아가는지 궁금했다.

고수들은 그냥 운동하지 않았다. 몸을 공부하며 운동했다. 근력 운동을 하면서 변한 것 중 하나는 다양한 근육 이름을 알게 된 것이라고 했다. 팔에 있는 전완근, 이두박근, 삼두박근, 대흉근과 기립근, 전거근과 광배근, 복근과 장요근 등 제법 많은 근육 이름을 알게 되었다고 했다. 그러고 보니 나도 근육 이름, 운동 기구 이름, 동작 이름을 먼저 외웠다. 사람도 이름을 먼저 알아야 그 사람을 알 수 있지 않은가. 몸 공부의 시작은 근육 이름 알기다.

책 속 필사하고 싶은 한 문장

운동은 단순히 몸을 건강하게 하는 시간을 넘어 새로운 하루를 여는 의식이 된다.

6. 마음 대신 몸 쓰기

팀장이 되기 직전 일이 많은 부서에서 근무했다.

일이 많다고 읽던 책이 안 읽히진 않았다. 오히려 책 몇 장이라도 봐야 하루를 살아낼 수 있던 시기였다. 새벽 일찍 출근하거나 야근하기 전 주문한 김밥을 기다리며 책을 펼치 곤 했다. 주로 보던 책은 심리학 책이었다.

일이 많다는 건 그만큼 많은 내부 직원들과 얽혀 있다 는 말이다. 그러다 보니 관계에 대한 고민이 깊던 시절이었 다. 하루에도 사내 메신저로 수십 통 업무 질문이 오갔다. 메 신저로 건네오던 질문에는 예의를 미처 장착하지 못한 직원 의 질문도 있었다. 간단한 검색조차 안 해 보고 질문하는 직 원들도 꽤 있었다. 질문하는 사람에게는 한 번의 질문이지만 받는 입장에서는 같은 내용의 답변을 하게 되는 경우가 많았다. 문득문득 욱하고 올라오는 질문들에 어떻게 대응하면 좋을지 고민하던 때였다.

책도 책이었지만 일주일에 3번 있는 저녁 요가도 빼놓지 않고 갔다. 요가는 그 당시 나에게 운동이라기보다 살기 위한 몸부림이었다. 그렇게라도 몸을 움직여주지 않으면 무언가 나쁜 기운이 몸에 꽉 쌓여 암 덩어리로 변해 버릴 것 같은 공포가 느껴지곤 했다.

몸보다 마음이 먼저라고 생각했다.

마음은 마음으로 다스려야 한다고 생각했다. 그럴 수 있을 거라 믿었다. 심리학을 대학원까지 가서 공부하기로 맘을 먹은 건 순전히 그래서였다.

하지만 희한하게 대학원 공부는 취미로 읽던 심리학, 정신분석학, 철학책들보다 나의 욕구를 채워주지는 못했다. 물론 궁금해하던 석사 과정에 대한 호기심은 채워졌지만 '무언가 인생이 한 발 앞으로 나아갔구나.'라는 청명한 기분은 들지 않았다.

『마인드짐』이라는 책에서 '정신을 위한 운동'과 '몸을 위한 운동' 사이의 5가지 유사점을 발견했다.

첫째, 운동을 하는 목적은 사람마다 다르다. 헬스클럽에 처음 가면 코치가 다가와 특별히 몸의 어떤 부분을 향상하고 싶은지 물어본다. 체중을 줄인다거나, 체력을 키운다거나, 건강해지기를 바라거나 하는 식으로 말이다. 정신을 위한 운동도 이와 비슷하다. 스트레스 해소법을 키우고 싶다든지, 문제 해결 방법을 찾고 싶다든지 가장 우선적으로 필요한 부분을 단련하면 된다. 각자 필요한 부분은 사람마다 다르다. 그러니 옆 사람의 목적보다 내 목적을 찾았다면 그게 정답이다.

둘째, 한 가지 운동은 다른 운동에도 도움이 된다. 가령 단단한 복근을 갖고 싶다고 하자. 복근을 위한 운동을 하다 보면 등까지 좋아진다. 협력근일 가능성이 높기 때문이다. 협력근은 주동근을 도와서 협동해 함께 키워지는 근육이다. 마찬가지로 자신의 영향력을 키우는 방법을 알게 되면 다른 사람들이 세상을 바라보는 방식을 알 수 있게 된다. 관계 문제가 풀리는 건 당연하다.

셋째, 어려운 시기를 버틸 힘이 생긴다. 근력 운동을 하다 보면 몸이 건강해져서 야근하더라도 피로를 덜 느끼게 된다. 회복되는 시간도 단축된다. 이와 마찬가지로 직장에서 생기는 스트레스를 제어하는 방법을 알게 되면 가정에서 생기는 스트레스도 스스로 제어할 수 있는 요령이 생긴다.

넷째, 노력하는 만큼 결과가 나온다. 운동을 하는 사람은 몸밖에 정직한 게 없다고 하지만 마인드 훈련도 마찬가지다. 각자가 노력하고 실천하는 만큼 결과가 나타날 수 있다. 마인드 훈련이 필요하다는 생각이 든다면 그에 걸맞은 명상이나 자기 생각을 정리하는 글쓰기를 추천한다.

다섯째, 누구나 할 수 있다. 나이, 성별, 학력, 체력, 종교, 직업에 상관없이 운동은 누구나 할 수 있다. 자신의 마음 훈련 또한 마음을 먹은 사람은 누구나 할 수 있다. 누구나 할 수 있다는 사실이 어쩌면 가장 쉽지만 가장 넘기 힘든 장애물인지도 모르겠다. 누구나 할 수 있다는 것은 누구도 하지 않을 수도 있다는 말일 테니까.

몸이 먼저다.

아무리 생각해도 몸이 먼저다. 그동안 심리학, 정신분석학, 철학책들은 먹방하듯 먹어 치웠기 때문이었을까? 아니면 살기 위해 움직이던 생존 요가는 인생에서 스쳐 보내버렸기 때문이었을까? 지금껏 내 인생을 드라마틱하게 바꿔준 순간은 그 어느것 보다도 몸 근육에 집중하기 시작한 때부터다.

그동안 읽던 책들과 혼자 해 오던 마음 훈련들은 나의 세포들 어딘가에 남아 삶의 모습으로 나타나 줄 것이라 믿는다. 철없던 내가 조금이나마 성숙한 어른의 모습으로 변했다면 다분히 그동안 글로 만나준 작가들의 공이 크다.

하지만 나는 이제 앞으로도 정신을 위한 운동보다 몸을 위한 운동에 더 집중할 예정이다. 50살을 몇 년 앞두고 더욱 드는 생각이다. 책보다 덤벨 드는 시간을 늘리기로 마음먹었다.

"딸~ 밥 세끼 먹었으면 한끼는 운동을 먹어야 해."라고 하던 엄마의 말처럼 나는 매일 일과에 운동을 넣기로 했다.

습관으로 녹여내야만 가능하다는 걸 그동안의 수많은 실패가 알려 주었기 때문이다. 그래서일까? 마음을 다스려야 하는 일이 있을 때 유독 더 헬스장이 가고 싶어진다.

마인드짐
마인드짐 센터 저 | 지식나무 | 2006

오래된 책인데 중고서점에서 제목이 눈에 들어와 가져왔다. GYM은 짐인데, 마인드짐이란다. 헬스장은 아니고 심리상담소에 가깝다. 몸에 뭔가 이상이 생기면 병원을 찾듯 정신의 경우도 마찬가지라며 마음 근력을 위한 훈련 방법을 소개한다.

『마인드짐』은 우리나라에 2006년에 출간되었으니 20년 가까이 된 책이다. 책 속 사이트 주소(www.themindgym.com)에 들어가 아직도 활동 중인지 들어가 보았더니 개인, 조직을 위한 코칭센터로 발전이 된 듯 보였다.

'마인드짐'은 나중에 내가 무언가를 하게 된다면 이름으로 갖고 싶은 단어다. '마인드짐'이라고 이름 지어놓고 몸과 마음이 좋아지는 법을 나누고 싶다.

책 속 필사하고 싶은 한 문장

아는 것과 행하는 것은 별개다.

4장 몸이 먼저다

7. 바쁠수록 몸이 먼저다

어떻게 하면 지속 가능한 에너지로 긍정적인 삶을 살 수 있을까?

오랜 시간 고민한 끝에 내가 찾은 답은 '체력'이다. 조직에서 일을 하다 보니 덩어리 속 부품처럼 느껴질 때도 있지만, 자기만의 가치관을 지키고 결이 맞는 사람들과 함께 성장할 수 있는 삶. 함께 생활하는 가족의 소중함을 매일 느끼며 깊이 감사하는 삶. 이 모든 것을 가능하게 만들어주는 원동력은 체력이었다.

'나의 원동력이 체력이었구나'라는 사실을 깨달은 지는 얼마 되지 않았다. 5년 전 헬스장에서 근력 운동을 처음 접하며 몸이 튼튼해진다는 느낌을 받기 시작한 후 알게 된 삶의 정수였다. 책 속 구절로 알게 된 지식이 아닌 내가 직접 겪어서 깨닫게 된 삶의 지혜이다 보니 확신을 갖게 되었다. 체력은 죽을 때까지 포기하지 말고 함께 가야겠구나 싶었다. 핵심을 깨닫게 되니 삶이 단순해졌다. 바쁠수록 운동을 뒤로 미루는 게 아니라 운동을 우선순위에 놓았다.

그렇다면 체력은 어떻게 키울 수 있을까?

『계속 가봅시다 남는 게 체력인데』를 쓴 정김경숙 작가는 30년 동안의 직장 생활에서 무엇이든 즐겁게 끝까지 하고, 넘어져도 다시 회복하기 위한 방법으로 몸과 마음의 코어 근육이 가장 중요하다는 사실을 알게 되었다고 한다.

남들보다 성장이 느리고 뛰어난 재능이 없더라도 포기하지 않고 묵묵히 하루하루를 채워나가는 힘, 그 힘을 발판 삼아 삶을 무한히 키워나가는 방법이 체력이란다.

"구글에는 화려한 이력과 뛰어난 실력으로 무장한 인재들이 넘쳐나지만, 내가 체력 하나는 자신 있다. 평범한 문과생 출신 아시아인 50대가 현역으로 일할 수 있는 경쟁력은 이 체력에서 나온다고 해도 과언이 아니다. 지치지 않는 체력 덕분에, 밤낮없이 이어지는 메가톤급 프로젝트를 진행하거나 해외 출장으로 시차 적응이 채 되지 않은 때에도 다음 날이면 망설임 없이 다시 스위치를 켤 수 있다.

체력이야말로 우리가 인생을 끈질기게 이끌어나가게 만드는 숨은 저력이다. 나는 눈 뜨자마자 아침 러닝 한 시간에, 저녁 걷기 한 시간, 주말마다 백패킹을 떠나거나 검도와 수영을 하고 있는데, 20~30대 때보다 지금 더 많은 시간을 건강과 운동에 투자하고 있는 셈이다."

50대인 정김경숙 작가가 운동에 이만큼 투자하고 있다니 40대인 내가 헬스를 좀 하는 건 아무것도 아니구나 싶었다. 드라마 《미생》에서 주인공 장그래의 아버지가 아들에게 당부하는 말도 생각났다.

"이기고 싶다면 네 고민을 충분히 견뎌줄 몸을 먼저 만들어."

체력도 목표보단 방향성이다.

체력이 떨어지면 빨리 편안한 것을 찾게 된다. 인내심도 떨어진다. 피로감을 견디지 못해 승부 따윈 상관없는 상태가 된다. 인생을 3년, 5년, 몇 년 살고 말 거라면 상관없지만 인생을 살아간다는 것은 생각보다 긴 레이스다. 마라톤과도 같다. 우선 오래 할 수 있는 습관으로 세팅해 두는 건 어떨까?

체력을 습관처럼 키우기 위해서는 잘 먹고 잘 움직이고 잘 자면 된다. 매일 잘 먹고 잘 자고 잘 쉬는 것. 이 단순한 습관들이 쉽게 지치고 포기하고 싶어지는 순간 우리를 구원해 줄 것이다. 그러기 위해선 멀리 봐야 한다. 멀리 가기 위해선 목표보다 방향 설정이 우선 필요하다.

목표와 방향성은 어떻게 다를까? 예를 들어, 주 5회 운동을 해서 3개월 뒤까지 10킬로를 감량하겠다는 것은 목표다. 방향성은 주 5회 운동을 할 수도 있고 못 할 수도 있지만 건강한 라이프스타일을 포기하지 않겠다고 맘을 먹는 것이 방향성이다.

목표도 중요하지만 방향성이라는 인생의 큰 그림을 그리고 있는 사람이라면 운동 하루이틀 못 갔다고 지레 포기하지 않는다. 이번 주는 운동을 못했고 피자랑 탄산음료를 먹었지만 다시 운동할 수 있는 스케줄로 조정하면 된다. 크림이 든 음료 대신 블랙커피를 다시 선택하면 된다. 스스로 건강한 삶으로 나아갈 새 기운을 채우는 작업을 하는 것이다.

목표 위에 방향성을 갖게 되면 오늘의 실패에 일희일비하지 않게 된다. 중간에 목표를 달성하지 못했다며 포기하는 일도 줄어든다. 나의 경우 누군가에게 징징거리며 '나 이거 못했어' 하는 식의 대화도 줄었다. 내일 다시 시도하면 된다는 걸 알기 때문이다.

내가 원하면 할 수 있는 시간에 운동하기

바쁠수록 체력과 컨디션을 챙겨야 한다. 실제로 탁월한 업무 성과를 내는 상위 5%의 사람들은 다른 이들보다 운동 시간이 40%가량 길다는 연구 결과도 있다. 운동은 꾸준히 일할 수 있는 체력을 키워줄 뿐 아니라 두려움 등의 스트레스를 해소해줘서 여러 가지 감정이 드는 상황에서도 평정심을 유지할 수 있도록 도와준다.

바쁠수록 운동할 수 있는 방법은 뭘까?

최근 내가 해오고 있는 방법은 24시간 헬스장을 이용하는 것이다. 5년째 같은 트레이너에게 코칭을 받다 보니 헬스장을 옮기기가 쉽지 않았다. 내 몸의 변화를 지금 트레이너만큼 잘 아는 사람이 없다는 생각 때문이었다. 그런데 주말에 헬스장 운영 시간이 짧아 내가 원하는 시간에 할 수 없다는 불편함이 있었다. 마침, 집근처에 24시간 운영하는 헬스장이 생겨 행사 가격으로 저렴하게 끊어놓았다. 그래서 이제는 시간 제약 없이 내가 운동할 수 있는 시간, 내가 가고 싶은 시간에 근력 운동을 할 수 있다. 주로 주말 저녁 시간을 이용하지만, 일정이 있어 운동할 수 없는 날이면 새벽 시간에 갈 수 있어서 유용하다.

『계속 가봅시다 남는 게 체력인데』 정김경숙 작가님이 말했다. '체력을 키우는 일은 곧 커리어에 투자하는 것이다.' 라고... 점점 더 그 말에 실감이 가는 요즘이다.

계속 가봅시다 남는 게 체력인데
정김경숙 저 | 웅진지식하우스 | 2022

이 책의 저자인 정김경숙 작가님은 유퀴즈에 나와 처음 알게 되었다. TV를 자주 보지는 않지만 유퀴즈는 종종 보게 될 때가 있다. 그중에 운동+작가의 조합을 가진 분이 등장하면 일부러 보려고 하지 않아도 어느새 나의 시선이 화면을 향해 있다.

50살이 되던 해에 실리콘밸리로 떠날 용기도 체력 덕분이었다는 그녀의 말을 나는 완전 이해한다. 체력과 함께 따라오는 것이 용기이기 때문이다. 수영, 검도, 등산, 달리기, 백패킹 등을 하면서도 5개 대학원에서 공부한 그녀의 삶을 글로 읽으며 여러 번 눈이 휘둥그레졌다. 남는 게 체력이라니, 체력으로 원하는 무엇이든 할 수 있다는 말에 완전 동의한다.

책 속 필사하고 싶은 한 문장

열심히 일하고 있는데도 스스로에 대한 자신감이 떨어지고 소극적인 태도로 매사를 대하고 있다면, 내가 체력이 떨어지진 않았는지 점검해 보세요

8. 질 쉬는 것도 능력

주도적이고 적극적인 쉼

그런 생각을 종종 한다. 미래엔 잘 쉬는 사람이 능력자로 표현되지 않을까? 하는 생각 말이다. 6.25 전쟁 이후 태어난 나의 부모님은 부지런히 일해야 먹고 살 수 있는 환경이었다. 개인도 그래야 한다고 생각했을 거고 사회도 부지런함을 요구했을 것이다. 20대 때 만난 부모님은 아들, 딸, 아들 삼남매를 낳고 최선을 다해 열심히 살았다.

아빠는 직장을 다니며 돈을 벌다 정년퇴직을 했고 엄마는 평생 가정주부로 아이 셋을 키워냈다. 엄마가 이 글을 본다면 자신이 평생 가정주부였다는 문장을 안 좋아할지도 모르겠다. 엄마가 생각하는 가정주부라는 표현에는 돈 안 벌고 살림만 하는 사람의 이미지가 있다고 할 테니까 말이다. 하지만 나는 이제 안다. 엄마가 우리 가정을 지켜줬기 때문에 우리 삼남매가 이렇게 단단하게 클 수 있었다는 사실을 말이다. 그래서 이제는 평생 가정주부였던 자신의 과거를 너무 아쉬워하지 않았으면 좋겠다. 가정주부라는 단어에는 감히 다 담지도 못할 수많은 노고가 담겨있기 때문이다.

앞의 글에서 표현했다시피 엄마 아빠는 각자 자신만의 운동 종목이 있었다. 엄마에게는 탁구, 수영, 요가가 있었고 아빠에겐 40년을 함께한 테니스라는 인생 종목이 있었다. 이 종목들은 엄마 아빠가 직접 선택하고 누린 운동들이니 엄마 아빠에게는 쉼의 시간이었을까?

문득 초등학생 방학 시절, 우리 삼남매를 집에 두고 에어로빅을 다녀오겠다며 나가던 엄마의 뒷모습이 떠오른다. 신나 보이면서도 아이들이 복작대는 집에서 벗어나고 싶어 하는 느낌이 나서 살짝 쓸쓸해지기도 하면서 말이다.

잘 쉬는 것이란 무엇일까?

잘 쉰다는 것의 진짜와 가짜를 구별하는 나만의 판별법

이 있다. 누군가가 주말을 잘 쉬고 왔다고 치자. 진짜 잘 쉬고 온 사람은 활기찬 월요일을 맞이한다. 하지만 잘 쉬지 못한 사람은 월요일 아침부터 '피곤하다, 힘들다'라는 말을 남발하며 사무실 공기마저 우울하게 만든다.

잘 쉰다는 것의 의미를 구별하는 나만의 판별법은 쉬고 온 사람의 태도를 보는 것이다. 기분 좋은 쉼을 하고 온 사람은 주변을 편안하게 만든다. 반면 몸은 쉬었지만 마음은 쉬지 못했거나 몸도 마음도 진정한 휴식이 아닌 누워있기에만 집중한 주말을 보내고 온 사람에게는 새로운 월요일이 개운할 리 없다.

잘 쉬려면 자신을 알아야 한다.

누워있는 시간도 분명 필요하지만 매주 주말 누워있기만 하다 출근하는 사람은 아직 자신을 잘 모르는 것이다. 자신이 어떤 상황에서 기분이 좋아지고 어떤 상황에서 스트레스가 해소되는지 방법을 아직 잘 몰라서일 가능성이 크다. 기존에 하던 방식에서 벗어나 한 발짝만 떼어 새로운 경험을 해 볼 기회를 가져야 한다. 그 누구도 아닌 자기 자신을 위해서 말이다. 주중에 네이버로 동네 헬스장 3곳을 예약해 두고 주말에 차례차례 한 곳씩 방문해 보는 건 어떨까? 트레이너와의 상담만으로도 무언가 새로운 기운이 느껴질지 모른다.

자신을 돌보는 재생의 시간

나는 나의 갱년기가 궁금하다. 50살 정도를 갱년기라고 한다는데, 몇 년 남지 않았다. 어떤 몸과 마음의 변화가 올지 오래전부터 궁금했다. 특히 50대 여성의 몸 변화가 궁금하다. 그러던 중 반가운 책을 발견했다. 『요즘 언니들의 갱년기』라는 책이다.

우리나라에 갱년기를 소재로 하는 책이 많이 없다는 사실을 알고 '어째서 우리는 여성의 갱년기에 대해서 구체적으로 말하지 못하고 있는가' 라는 생각을 해 본 적이 있는데 마침 나보다 몇 살 많은 언니 3명이 합작으로 글을 써서 만들어낸 책이라니 반가웠다.

이 책에서는 갱년기를 '자신을 돌보는 재생의 시간'이라고 명명했다. 자신을 돌보는 재생의 시간이라니, 참 맘에 드는 해석이다. 아프면 아픈 대로 마주해 보고, 슬프면 슬픈 대로 솔직해져 보면서 갱년기 증상이 온 이유를 부정적으로 해석하지 않으려고 한다고 했다.

3명의 작가 또한 여성의 갱년기라는 시기를 무방비로 당하지 않고 준비할 수 있는 것은 준비하고, 갱년기 자체의 의미를 되새기면서 조금은 인생의 고삐를 풀거나 혹은 쥐거나 하는 주도적인 전환기가 될 수 있음을 나누고 싶었다고 했다.

너무나 공감되었다. 생물학적 증상은 예전 갱년기나 요즘 갱년기나 다르지 않을 수 있지만 개인적 인식만 달라진다면 각자의 삶에서 대처 방식도 달라질 수 있다. 어쩌면 갱년기를 잘 보내는 것이 인생에서 잘 쉬어가는 방법이 될 수 있겠다 싶었다.

몸의 변화로 삶의 태도가 변하는 시간

나의 MBTI 유형은 10년마다 변했다. 20대에는 ESTJ였고, 30대에는 ISTJ였고, 40대인 지금은 ISTP다. 기질은 원래 변하지 않는 성향이 있다는 이론과는 다르게 나는 나의 결과를 이렇게 해석한다. 아마도 사회생활과 경험이 축적되며 점점 더 나다워지는 중이라고 말이다.

MBTI 유형이 생애주기별로 점점 더 나에 가까워지는 느낌이 들듯 몸의 변화 또한 점점 더 나다워지게 만들고 싶었다. 나다워지는 과정은 삶의 태도를 변화시키는 과정이었다. 몸의 변화에 집중하지 못했다면 무엇으로 바쁜지도 모른 채, 몸을 잊은 채로 계속 직진하고 있었을지도 모르겠다.

5년 전, 허리를 삐끗해 근력 운동을 시작한 덕분에 갱년기도 무던히 지나갈 수 있을 것 같은 담대한 마음이 든다. 그날 허리를 삐끗한 것이 내 인생 최고의 기회였나 보다.

요즘 언니들의 갱년기
김도희 유혜미 임지인 저 | 일일호일 | 2021

70년대생 여자 셋의 지극히 사적인 수다가 담긴 책이다. 나도 70년대생인데다 나보다 몇 살 많은 언니들의 수다라니 훔쳐보는 마음으로 읽었다. 출판사는 일일호일이다. 일일호일과 같은 이름으로 경복궁 근처에는 건강책방이 있다. 일일호일 출판사에서 운영하고 건강을 주제로 한 책이 큐레이션 되어 있는 한옥책방이다.

개인적으로 지인들과 한 달에 한 번 책방투어 모임을 운영하고 있는데, 특히 일일호일 책방에서 모였던 날이 생생하게 떠오른다. 건강, 환경, 식물 등의 주제로만 둘러싸인 책들을 하나씩 펼쳐보던 시간, 책방 안쪽을 대여해 우리만의 안부를 나누던 시간, 책방지기님이 추천해 준 메밀국수 집을 줄 서서 방문한 순간까지... 책방지기님이 저자 중 한 분이라서 반가움에 사인을 받았던 추억도 생각났다.

책 속 필사하고 싶은 한 문장

자신의 가치를 직업이나 역할보다 몸과 마음에 두어보면 삶의 중심축을 얻게 된다.

9. 어떻게 나이들지 결정하지

'너의 젊음이 너의 노력으로 얻은 상이 아니듯, 나의 늙음도 내 잘못으로 받은 벌이 아니다.'

영화《은교》에 나오는 대사다. 소설이 아닌 영화로만 접한 나에게 이 대사는 남자 주인공 박해일의 말과 표정으로 기억된다. 노교수 연기를 워낙 잘 하기도 했지만 이 문장이 특히 더 기억에 남는 이유는 그 당시 들었던 나의 감정이 여전히 남아있기 때문이다. 영화 속 노교수는 늙어간다는 것을 스스로 안타까워하며 젊음을 부러워한다고 생각했다. 하지만 결국 늙음이라는 정의가 이런 멋진 문장으로 요약되었을 때 사실 조금 놀랐다. 한 문장 안에 삶을 관통하는 인생의 진수가 담겨 있는 것 같았다. 이 문장을 내 것으로 만들고 싶어서 혼자 되풀이해서 조용히 읊어봤던 기억이 난다.

사람은 누구나 늙는다. 하지만 나는 늙어가기보단 익어 가고 싶다. 나는 젊은 시절로 돌아가고 싶지는 않다. 지금이 좋다. 젊음이라는 것이 엄청나게 큰 자산이라고 해도 난 지금이 더 좋다. 막연한 미래에 불안해하지 않아도 되고 적당한 시행착오도 이미 겪어 일희일비하지 않을 수 있는 지금의 내가 좋다. 여기저기 보수해야 할 몸뚱아리를 가지고 있기는 하지만 살살 관리하면서 살면 당분간은 큰 어려움 없이 살 수 있을 것도 같다.

내가 50대를 앞둔 나이에 이런 자신감을 보이는 데는 이유가 있다. 한 손엔 근력 운동, 다른 한손엔 글쓰기라는 큰 축을 가지고 있기 때문이다. 물론 하루 8시간은 직업인으로 묶여 있으니 충분한 자유는 누릴 수 없지만 그 또한 운동과 글쓰기가 뒷받침해 줄 예정이기 때문에 별문제 없이 잘 나아갈 수 있을 것 같다. 본업과 취미가 서로 맞물리며 시너지 효과를 내줄 것임을 믿기 때문이다.

깊이 빠지지 않으려고 했다.

소설가 무라카미 하루키에게 마라톤이 있다면 『엄마를 부탁해』 신경숙 작가에겐 요가가 있었다. 『요가 다녀왔습니다』에서 그녀는 요가를 15년 동안 했다고 소개했다. 소설 쓰기 외에 가장 오래 한 일이 요가라고 하니 소울 취미였던 게 틀림없다.

그럼에도 깊이 빠지지 않으려 노력했다고 한다. 몰입하는 건 소설로도 충분하니 한사코 초보 요기니의 상태로 머물렀다는 것이다.

"나는 의식적으로 요가에 깊이 빠지지 않으려고 했다. 그저 자력을 잃어가는 나의 몸을 위해 무엇인가 하고 있다, 라는 자기 위안에서 더 깊어지지 않으려고 하면서 요가 생활을 해왔다는 생각. 아무것도 모른 채 요가를 시작하고 나서야 이 세계 안쪽이 얼마나 깊은지를 실감했다. 내가 점점 더 요가를 좋아하는 것도 겁이 났다. 저 안쪽으로 깊이 들어가면 나오고 싶지 않을 수도 있겠구나, 싶었다. 그건 지금도 마찬가지다."

목적 없이 좋아하는 것을 갖기

그동안 여러 가지 취미가 있었지만 취미가 본업이 되었던 건 아직 없다. 가끔 아니 자주 마음이 술렁술렁해서 본업을 놓고 취미 세계로 넘어가고 싶은 마음이 몽글몽글 피어오를 때도 있지만 하루만 지나면 금세 까먹곤 했다.

피아노가 그랬고, 그림이 그랬고, 요가가 그랬고, 지금 헬스가 그렇다. 피아노를 배울 땐 피아노 선생님은 내가 피아노 선생님이 되었으면 했다. 미술학원에 다닐 땐 그림을 전공으로 하는 건 어떻겠냐는 말을 들었다. 나도 살짝 그럴까 생각했더랬다. 직장인이 되어 생활 요가인이 되었을 땐 가끔 상상했다. 내가 요가 강사가 되면 어떨까 하고...

지금은 헬스에 빠진 지 5년 차다. 헬스에 무섭게 빠져들던 초반 무렵 트레이너 쌤은 날더러 언제 운동 세계로 넘어올 거냐고 물었던 적이 있다. 해부학도 재미있어하고 생활스포츠지도사 자격증도 땄으니 직업을 전향해 트레이너가 되어도 전혀 이상하지 않을 상황이기는 했다. 내가 봐도.

하지만 난 취미는 취미로 남겨두었다. 좋아하는 취미생활을 본업처럼 두고 하루 종일 누리고 싶은 마음이 굴뚝같이 드는 날도 분명히 있다. 하지만 진짜 좋아하는 건 목적 없이 좋아하는 것으로 남겨두고 싶다. '자격증도 땄으니 헬스장 차리면 되겠네.'라고 말하는 사람이 주변에 많아졌지만 오늘도 난 한쪽 귀로 듣고 한쪽 귀로 흘려버린다. 목적 없이 좋아하는 것을 사수하기 위해서다. 당분간은 그냥 이대로 운동을 좋아하는 회원으로 남을 예정이다.

헬스하는 70대 할머니

지금 5년째 하고 있는 헬스는 딱 70대까지만 해 볼 생각이다. 70대까지 근력 운동을 계속하면 어떻게 되는지 궁금하기 때문이다. 요즘 유튜브 알고리즘에 의해 헬스장에서 근력 운동하는 할머니가 종종 뜬다. 다른 사람이 만든 영상 보는 것에 시간을 많이 들이지 않는 편이지만 헬스하는 70대 언니들 모습에는 그렇게 눈이 돌아간다. 요즘 나의 롤모델은 이름도 사는 곳도 모르는 70대 헬스녀다. 롤모델을 정했으니 이제 나도 그렇게 살아가면 된다.

헬스장 운동 기구들과 노느라 바빠 세상에 말 얹지 않고도 즐겁게 지내는 노년이고 싶다.

요가 다녀왔습니다
신경숙 저 | 달 | 2022

소설가 신경숙 작가의 요가 에세이다. 신경숙 작가가 풀어놓는 요가 이야기는 어떻지 읽기 전부터 궁금했다.

'요가할 결심'이라는 제목의 글에서 요가하는 친구들 이야기가 나온다. 친구들과 속초로 여행을 갔던 밤, 숙소에서 달리 할 일이 없어 요가를 했다가 세월이 흐른 후, 모두 요가를 하는 사람이 되었다는 것이다. 한 명은 일주일 중 사흘은 요가원을 찾는 사람이 되었고, 다른 한명은 토요일 아침이면 인도문화원 요가 수업을 듣는 사람이 되었다고 한다.

그러고 보니 내가 운동할 결심을 하게 된 이유도 떠올랐다. 5년 전 눈에서 레이저를 쏘아대는 상사의 기운을 온몸으로 받아내고 있었다. 아무래도 마음의 경직이 몸의 경직을 불러온 듯했다. 몸을 풀어주니 마음은 어느새 다 풀려있었다. 몸과 마음은 확실히 연결되어 있다.

책 속 필사하고 싶은 한 문장

우리는 몸이 말을 듣지 않을 때보다 몸이 하는 말을 알아듣지 못할 때가 얼마나 많은가.

10. 몸을 쓸수록 나는 내가 된다

벚꽃이 눈꽃처럼 휘날리던 날이었다.

오늘 퇴근하고 뭐 할 계획이냐고 옆 팀장이 물었다. 난 잠시 머뭇거리다 낮은 목소리로 "오늘요? 오늘은 하체 하죠."라고 했다. 벚꽃이 만개한 날이니 퇴근 후 어디 좋은 곳에 꽃구경 가는 거 아닌가 하고 물어봤다가 이게 대체 무슨 말인가? 하는 표정을 짓는다.

몇 년 전부터 벚꽃이 만개한 날은 하체 운동을 하는 날로 정해두었다. 남들이 활짝 핀 꽃구경 가느라 헬스장이 텅텅 비는 날이기 때문이다. 평소에는 오래 붙잡고 있기 힘든 스미스머신에서 무게를 바꿔가며 스쿼트도 했다가 데드리프트도 했다가 이것저것 맘 편히 할 수 있는 시간이기도 하다. 스미스머신은 헬스장에 몇 대 있지 않기 때문에 한 두 동작을 3세트씩 한 후에는 자리를 양보해야 하는 게 보이지 않는 룰이지만, 벚꽃 계절엔 스미스머신을 독차지해도 눈치를 안 봐도 되니 은근히 기다려지는 시기다. 남들은 놀러 가 한산해진 헬스장에서 스쿼트나 런지 같은 하체 운동을 해 주면 그렇게 뿌듯할 수가 없다. 안 보이는 곳에서 근테크를 하며 혼자 투자 내공을 쌓고 있는 기분이라고나 할까.

하체 운동을 좋아하냐고?

물론 좋아하지만 매일 좋은 건 아니다. 그럼에도 짬이 날 때마다 하체 운동을 하는 이유가 있다. 하면 할수록 내가 보이기 때문이다. 『쓸수록 나는 내가 된다』에서 손화신 작가는 글을 쓸수록 내가 된다고 했는데 나는 몸을 쓸수록 오롯이 나 자신이 되는 느낌이 들었다.

특히 런지할 때다. 양손에 광배근을 고정시킬 무게 정도의 덤벨을 들고 한쪽 무릎씩 굽혀주는 동작을 할 때면 멀쩡한 몸통이 비틀거린다. 몸이 흔들리는 건지 마음이 흔들리는 건지 살짝 헷갈린다. 흔들리는 몸을 느끼며 어쩌면 나는 지금 몸이 아닌 삶의 균형감각에 이상이 생겼을지도 모른다는 미세한 불안감이 엄습한다. 이어 오늘 하루 있었던 일들이 파노라마처럼 지나가기 시작한다.

그러나 그것도 잠시, 내 속을 알 리 없는 트레이너 쌤은 무게를 한 단계 더 높여보자고 한다. 트레이너 쌤이 무게를 높이자고 하는 걸 보면 그래도 나름 자극 부위는 잘 잡은 것 같다. 몸은 삶의 내공에 앞서 운동 내공을 벌써 쌓아둔 듯하다. 바벨 무게를 한 단계 더 높여 바꿔 들고 나면 낮에 있었던 사무실에서의 고민쯤이야 아무것도 아닌 게 된다. 아무것도 아닌 건 분명 아니었는데 지금 내 손에 있는 바벨 무게에 비하면 무겁지 않다고 느껴진다. 몸을 쓴다는 사실만이 현재를 살게 해 준다.

고민의 무게보다 덤벨 무게가 더 무겁게 느껴지는 지금, 운동은 명상이 된다. 트레이너는 단순한 트레이너가 아니라 삶의 무게를 가볍게 해 주는 인생 코치가 된다.

결국 의미 찾기

『쓸수록 나는 내가 된다』에서 손화신 작가는 글쓰기를 의미 찾기라고 표현했다. 글을 쓸 때면 결국 내가 사랑하는 무언가에 대해, 그것이 나에게 어떤 의미인지를 쓰게 되는데 작가에게 글쓰기란 무엇에 관해 쓰는 결국 의미 찾기라는 것이다.

'의미를 품은 그 대상을, 나는 분명 사랑하고 있다. 사랑하기 때문에 그것에 의미를 부여하고 있다. 그러니 의미를 찾는 건 우리가 삶을 사랑하고 있다는 증거다. 누군가 내게 집을 주제로 글을 쓰라고 한다면 아마도 난 집이 내게 어떤 의미인지를 쓸 것이다.'

음악을 사랑하는 사람은 음악 안에서 의미를 찾고, 글을 사랑하는 사람은 글 안에서 의미를 찾는다. 나는 근력 운동을 시작하며 몸의 의미를 찾기 시작했다. 그릇의 형태만 다를 뿐 본질은 같다.

몸을 쓸수록 나는 내가 된다

하체 운동은 오늘도 힘들었다. 둔근, 대퇴사두근, 종아리 근육까지 자극하고 나면 정신이 아득해진다. 한 세트해 주고 목이 말라 정수기 쪽으로 이동하려 하면 두 발이 양방향으로 후들거린다. 누가 볼세라 얼른 복부에 힘주고 다시 하던 자리로 돌아와 무게를 하나 더 끼우고 나면 묘한 현기증마

저 느껴진다.

이때가 딱 그만하기 좋은 순간이다. 혼자 운동하는 중이니 누가 뭐라 할 사람도 없다. 건너편 기구에 앉아 운동하는 사람이 살짝살짝 쳐다보는 것 같기는 하지만 내가 몇 세트를 했는지 알 길은 없다. 이때 머릿속에 두 사람이 등장한다. 왼쪽에 있는 사람은 충분히 했으니 그만하라고 하고, 오른쪽 사람은 '바로 지금이야'라고 하며 딱 2개만 더 하자고 한다.

왼쪽 사람 말을 들을지, 오른쪽 사람 말을 들을지는 순전히 내 판단이다. 인생은 선택과 집중이라고 했던가. 난 어제 왼쪽 사람 말을 들었으니 오늘은 오른쪽 사람 말을 듣겠다며 2개를 더 한다. 멈추려고 하는 순간 2개를 더 해 준 경험. 오늘 이 작은 성공 경험이 내일의 나를 일으켜 세워줄 것이라 믿는다.

근력 운동을 시작하고 나는 이제 근력 운동이 없는 세상으로 다시는 돌아갈 수 없게 되었다.

쓸수록 나는 내가 된다
손화선 저 | 다산초당 | 2021

지인의 추천으로 알게 된 책이다. 4년째 글쓰기 모임을 함께하고 있는 지인이 좋다고 한 책이니 고민하지 않고 바로 주문했는데, 읽는 내내 거의 모든 글에 줄을 치고 있는 나를 발견했다.

'진짜 나란 것이 있을까? 하나의 일관된 나를 찾아 헤매는 걸 그만두었다. 나는 모든 것이 되기로 했다. 이것이 온전한 나로 사는 길이라고 생각하자 비로소 온갖 규칙과 틀에서 벗어날 수 있었다. 단단한 펜을 쥐면 쥘수록 나는 유연해져 갔다.'

이 글이 내눈엔 이렇게 보였다.

'진짜 나란 것이 있을까? 하나의 일관된 나를 찾아 헤매는 걸 그만두었다. 나는 모든 것이 되기로 했다. 이것이 온전한 나로 사는 길이라고 생각하자 비로소 온갖 규칙과 틀에서 벗어날 수 있었다. 무거운 바벨을 들면 들수록 나는 유연해져 갔다.'

책 속 필사하고 싶은 한 문장

씀으로써 나는 오직 유일한 세상에서 '나'가 됐다.

나가는 말

"딸~ 체력이 달리면 마음이 달려. 그러니깐 운동은 꼭 밥 먹듯이 챙겨야 해."

퇴근길, 혼자 있는 차 안에서 엄마와 통화를 하는데 어느 날 문득 엄마가 이런 말을 했다. '체력이 달리면 마음이 달린다니...' 내 목소리에 힘이 빠져있는 걸 엄마는 전화기 너머로 느낀 걸까?

그동안 내가 20년 가까이 출퇴근 생활자로 살아올 수 있었던 것은 엄마·아빠의 자녀로 태어난 덕분임을 인정하지 않을 수 없다. 밥을 세 끼 먹으면 운동을 한 끼하던 엄마·아빠의 뒷모습을 보고 자란 딸은 커서 진짜로 습관처럼 운동하는 사람이 되었다. 그 어느 유산보다 가장 큰 건강 습관이라는 유산을 물려주셨기에 부모로서 할 일은 이미 충분히

다 하셨다고 말씀드리고 싶다.

　　이 책은 앞서간 수많은 운동하는 작가들에 의해 만들어졌다.

'나도 저렇게 살고 싶다. 나는 과연 그렇게 살 수 있을까?' 하는 부러움과 호기심이 나를 결국 운동하는 작가로 만들어주었다. 이 책에 나오는 40권의 책과 저자는 '나는 지금 대체 무엇을 생각하고 있을까?'라는 나를 향한 질문에 스스로 답을 찾아 나갈 수 있도록 도와주었다.

운동하면 책이 읽고 싶고, 책을 읽으면 운동이 하고 싶어지던 내 마음을 이제는 있는 그대로 인정해 주려 한다. 모르긴 몰라도 이 책에 나오는 수많은 작가도 그런 과정을 거쳐 왔을 거라는 것을 이제는 어렴풋이 알게 되었기 때문이다.

문학의 쓸모는 그 쓸모를 거부할 때 얻어지는 자유와 해방감에 있다고 한다. 근력 운동도 마찬가지로 그 쓸모없음이 목적의 세계에서 나 자신을 해방시켜 주었다. 덤벨을 오르락내리락하는 무용한 되풀이에 비로소 품위 있는 삶을 상상하게 되었으니까 말이다.

부족한 초고를 보내드리며 겸연쩍어하던 내게 '이 원고 참 잘 만난 것 같다며 감사한 마음까지 든다'고 말씀해 주신 출판사 대표님 덕분에 혼자 오는 길이 외롭지 않고 즐거웠다. 이어 '운동 동기부여를 위한 필사집도 만들어 볼까?' 하는 기분 좋은 상상은 여러 번 이어지는 퇴고에도 지치지 않고 여기까지 올 수 있었던 버팀목이 되어주었다.

이 책의 제목은

김혜남 작가님의 『서른 살이 심리학에게 묻다』에서 가져왔다. 2008년에 출간된 이 책을 나는 직장 생활 3년 차에 만났다. 딱 서른 살이었다. 정신분석 전문의였던 그녀의 글을 지팡이 삼아 힘든 고비를 잘 넘겼다. 이어 출간된 『심리학이 서른 살에게 답하다』는 한 단계 깊숙이 스스로를 들여다보며 나만의 답을 찾아갈 힘을 주었다. 제목에 대한 허락을 받지는 못했지만, 그 당시 서른 살이 작가님 책 덕분에 인생의 고비들을 잘 넘기고 이제 50살을 앞두고 있다고...

작가님의 책이 인생에 큰 좌표가 되어 주었다고 말씀드리고 싶다.

마지막으로

　인스타그램 속 이름도 사는 곳도 모르지만 매일 함께 운동하던 친구들에게 이 책을 바치고 싶다. #오운완 #헬스하는여자 #헬스하는직장인 #운동하는여자 같은 해시태그(#)는 헬스에 막 입문한 초창기, 특히 응원의 목소리가 되어 주었다. 만약 인스타 속 운동하는 친구들이 없었더라면 나는 아마 이 책을 마무리하지 못했을지도 모른다.

2025. 7월

서은희(서가앤핏)

부록 · 트레이너 인터뷰

"이제야 물어본다.
PT 5년 차 회원의 지극히 개인적인 질문 10가지"

질문 1.
첫 만남에 대한 질문

5년 전으로 돌아가 봅니다. 첫 수업을 했을 때 이렇게 오랫동안 한 명의 회원을 트레이닝하게 될 거라고 생각하셨었나요? 지금은 익숙해진 회원의 첫인상은 어땠는지 궁금합니다.

답변   아니요. 이렇게 오랫동안 한 회원님의 트레이닝을 하게 될 줄은 몰랐습니다. 은희 회원님의 첫인상은 회원님과 만남 전 상담 내용에서 다른 특이 사항보다 요가를 10년 이상 하셨다는 내용을 보고 실은 살짝 긴장했었습니다. 왜냐하면 제 상상과 기억 속에 요가 수행을 오래 하신 분들은 까무잡잡한 피부에 약간 센 인상을 가지고 있었거든요.

다행히도 은희 회원님은 제 상상 속 모습과 다르게 인상이 너무 좋으시고 밝게 웃으면서 맞이해 주셔서 좋은 첫인상으로 기억하고 있습니다.

질문 2.
PT 수업 시간 요청에 대한 질문

PT 수업을 처음 시작할 때, 출근 전 운동을 하고 싶다며 아침 5시 30분에 수업을 해 달라는 요청을 받았을 때 어떤 생각이 드셨었나요?

답변 우선 궁금했습니다. 출근 전 새벽에 PT를 받고 출근을 하신다는 분은 어떤 분이실까? 하고요. 그리고 과연 가능할까라는 생각도 들었습니다. 물론 제가 아닌 회원님이 괜찮으실까 하는 생각이 먼저 들었습니다.

처음엔 오픈 시간 전이라 고민도 되었어요. 회원님과의 새벽 수업이 가능하도록 시간을 허락해 주신 대표님의 권유가 없었다면 불가능했을지도 모르겠습니다.

회원님과의 운동을 이렇게까지 이어올 수 있었던 건 어쩌면 대표님의 유연한 사고방식 덕분이었던 것 같네요. 좋은 만남을 연결해 주신 대표님께 새삼 감사드려야 할 것 같아요.(저 또한 그 당시 큰 결정해 주신 대표님의 선택에 감사드립니다.^^)

질문 3.
회원 변화에 대한 질문

처음 방문했을 때 허리를 펴지 못하던 회원이 허리를 꼿꼿이 세우더니 건강해지기 시작했을 때 어떤 기분이 드셨나요? 개인적인 생각과 트레이너로서의 생각이 각각 궁금합니다.

답변 정말 기분 좋았죠. 제가 트레이너라는 직업을 계속할 수 있었던 계기는 회원님들의 목적을 달성해 드리고 호흡을 맞춰 나갈 때 가장 큰 성취감을 느꼈기 때문입니다. 저의 트레이닝을 통해 회원님이 바라고 원하던 결과에 스스로도 만족하실 때 그때가 트레이너로서 사명감이 느껴지는 순간이기도 하고요.

질문 4.
수업 기록에 대한 질문

PT 수업 100회까지 과정을 블로그와 인스타에 기록해 나가는 회원을 보며 어떤 생각이 드셨었나요? 혹시 부담스럽다거나 수정하고 싶다는 생각이 들지는 않았었는지? 물론 바쁘셔서 내용을 다 보지는 못하셨겠지만요.

답변 당연히 처음엔 부담스러웠습니다. 가끔 SNS에 게시하시는 회원님은 있지만 모든 수업을 기록하시는 모습을 보고 수업에 진심이구나 하는 생각이 우선 들었습니다. 회원님이 이렇게 진심으로 공부하며 알아가시는데 내가 더 성장하지 못하면 부끄러운 모습을 보일 수 있겠다 하는 생각도 들었습니다. 하지만 지나 놓고 보니 그 시간은 오히려 저에게도 더 공부하고 성장하는 시간이었습니다.

회원님이 올리는 글을 매일 보지는 못했지만 시간 날 때마다 대부분 다 읽었습니다. 개인적으로 트레이닝은 회원의 상태나 트레이너의 방식에 따라 조금씩 차이가 있을 수 있다고 생각하는데 회원님의 글이 마케팅이 될까 봐 부담스러운 순간도 있었습니다. 하지만 성장의 기회로 삼은 덕분인지 이제는 저도 많이 단단해졌다는 생각이 듭니다.

질문 5.
바디프로필에 대한 질문

그동안 트레이너로서 바디프로필을 찍는 회원을 많이 경험해 보셨을 텐데 저라는 회원의 바디프로필 과정에서 기억에 남는 일이 있다면 어떤 게 있었을까요?

답변 바디프로필 촬영을 준비하셨던 회원님들이 식단에 가장 어려움을 느끼고 한 번씩 유혹을 참지 못하고 일탈을 하게 되는데 은희 회원님은 식단에서 정말 남달랐습니다. 바디프로필을 준비하는 과정에서 하루 섭취하는 모든 식단을 카톡으로 전송받는데 직장을 다니면서도 전혀 어려움 없이 식단 관리를 해내시는 걸 보고 놀랐던 기억이 있습니다.

질문 6.
자격증에 대한 질문

별안간 회원이 생활스포츠지도사 자격증을 따겠다고 했을 때 어떤 생각이 드셨었는지? 다른 회원이 자격증 시험에 도전하고 싶다고 한다면 추천할 의향이 있으신지? 필기, 실기를 준비하는 모습을 보면서는 어떤 생각이 들었는지? 기억에 남는 모습이 있다면?

답변   우선 은희 회원님은 수업할 때도 운동에 쓰이는 근육 명칭과 기능에 대한 관심이 굉장히 높으셨어요! 근육을 그려보라는 숙제도 정말로 해 오셨고요. 운동이면 운동, 바디프로필이면 바디프로필 둘 다 잘해 내셨지만, 생활스포츠지도사 자격증 취득은 정말로 다른 방향이거든요.

그런 과정에서 필기 실기 준비도 정말 은희 회원님답게 정석으로 준비하는 모습을 보고 역시라는 생각밖에 들지 않았습니다. 다른 회원님들이 자격증 시험에 도전하고 싶다고 하시면 사실 적극적으로 추천해 드리진 못할 것 같아요. 운동과 여러 가지 전문지식에 대한 공부를 해야 하다 보니 은희 회원님 정도로 관심을 두고 진심으로 다가가는 자격증 준비 과정이 아니라면 다른 회원님에게 추천할 의향은 없습니다.

질문 7.
식단에 대한 질문

식단 피드백을 바디프로필을 찍기까지 장장 9개월에 걸쳐 매일 해 주었는데요. 저야 다른 회원들의 식단을 알지 못하지만 트레이너 쌤은 다른 회원과의 차이점을 금방 알아채셨을 것 같아요. 저의 식단 중 다른 회원들에게도 권하고 싶은 부분이 있다면 기억나는 게 있으실까요?

답변 일반적인 다이어트와 바디프로필의 식단은 굉장히 다른데요. 일반 다이어트가 양을 줄이며 음식을 조심하는 정도라면 바디프로필 촬영을 위한 식단은 탄수화물, 단백질, 지방을 섭취하는 그램 수를 정확히 지켜야 하는 내 몸의 데이터 싸움입니다. 왜냐하면 그래야 체지방을 걷어내고 몸속 숨은 근육들이 나타나 멋진 사진을 완성할 수 있기 때문입니다.

그런 점에서 제가 요청한 식단에 정말 그램 수 오차 거의 없이 하루 세 끼를 진행해 주신 부분에서 차이가 있었습니다. 도시락을 직접 싸서 출근하고, 퇴근 후에는 운동하며 끝까지 그 과정을 지켜낸 부분이 다른 분들에게도 권하고 싶은 부분입니다.

질문 8.
트레이너에게 PT 수업이란?

회원도 트레이너를 잘 만나야 하지만 트레이너도 회원을 잘 만나야 한다고 하는데… 지난 5년간 한 회원의 몸과 마음이 성장해 가는 걸 지켜보면서 어떤 생각이 드셨는지 궁금합니다. 금요일 저녁 8시 수업을 5년째 이어오고 있는데 트레이너 쌤 개인에게 그동안 금요일 8시 수업은 어떤 의미였는지도 궁금합니다.

답변 트레이너에게도 어떤 회원을 만나는지는 정말 중요한 부분인 것 같아요. 그 과정에서 당연히 뛰어난 스킬, 능력도 중요하겠지만 제가 생각하는 가장 중요한 부분은 소통과

호흡이라고 생각합니다. 배움에 호기심을 가지고 가르쳐 드린 부분에 대해 질문을 잘하는 회원에게는 1개라도 더 알려드리고 싶은 마음이 생기는 게 사실입니다.

지난 5년간 매주 금요일 8시는 회원님뿐 아니라 저에게도 성장의 시간이었습니다. 제가 조금씩 성장을 하지 못하면 더 이상 저에게 트레이닝을 받을 필요성을 느끼지 못할 거라고 생각하기 때문에 지난 5년은 회원님의 성장을 지켜보며 트레이너인 저 또한 자라는 시간이었습니다. 앞으로도 저의 성장 시간이라는 의미를 가지고 수업에 임할 예정이고요.

질문 9.
회원과 오랫동안 함께 할 수 있는 쌤만의 비결이 있다면?

5년째 수업을 받는 PT 회원이 있다고 하면 이 글을 읽고 있는 다른 트레이너들이 깜짝 놀랄 수도 있을 것 같은데요. 트레이너 쌤만의 비결 같은 게 있다면 뭐가 있을까요? 비결이나 특별한 비법은 없다고 하실 가능성이 높으니, 회원을 대할 때 특히 중요시 생각하는 가치가 있으실까요?

답변   수업이라는 가치를 잊지 않으려고 노력합니다. 이런 말이 조심스럽기는 하지만 돈의 가치에 대한 생각을 자주 하려고 합니다. 돈을 내는 회원님에게 과연 내 수업은 그럴 만한 가치가 있는 수업인가? 돈을 받고 일하는 나는 과연 트레이너로서 가치가 있는가? 하고 말이죠. 회원님을 만족시키기 위해서 내 수업은 어떻게 구성해야 할까?라는 본질을 놓지 않았기 때문이라고 생각합니다.

('회원이 행복해야 트레이너도 행복합니다.'라고 들리는 듯했다. 그러고 보니 트레이너 쌤은 직접 입으로 그 문장을 말하지는 않았지만 그렇게 말하고 있는 것처럼 표정에서 보였다.)

질문 10.
지난 5년을 돌아보며…

마지막으로 묻고 싶은데요. 회원 인생에서 지난 5년은 너무나 특별했습니다. 이렇게 책으로 남기고 싶을 만큼이요. 몸 근력을 만드는 과정은 마음 근력도 함께 만들어줬거든요. 트레이너 쌤의 인생에서 지난 5년은 어떤 시간이었는지 한 말씀 듣고 싶습니다. 인생 전체를 봤을 때 어떻게 기억되실 것 같으신지?

답변 제가 성장을 많이 한 기간이라고 생각합니다. 그전에는 트레이닝 능력을 키우려고 노력하는 시간이었다면 지난 5년은 회원님과의 상호작용, 커뮤니케이션에 조금 더 집중하며 잘할 수 있는 계기가 된 시간이었습니다.

트레이닝 기술을 좀 더 많이 배우려고 하기보다는 실무를 더 많이 배우고 실행해 보려고 노력한 시간이기도 했습니다. 트레이닝 레벨은 비슷하지만 회원님들과 호흡하며 더 가치 있는 시간을 보낼 수 있는 과정이었습니다. 그중에서도 5년 동안 함께 성장한 은희 회원님이 있었기 때문에 지치지 않고 제가 여기까지 올 수 있었던 것도 사실입니다. 회원님의 몸과 마음의 성장을 지켜보며 저 또한 함께 성장했다고 해도 과언이 아닙니다.

트레이너 쌤과 처음으로 헬스장 밖에서 만나 인터뷰를 진행하니 지난 5년 동안의 기억이 파노라마 사진처럼 지나갔다. 최근 『끌리는 트레이너의 스피치』라는 책에서 본 상위 0.1% 트레이너와 인터뷰를 한 것 같은 기분도 들었다. 회원이 잘되기를 바라는 마음을 가진 트레이너라는 확신이 들었기 때문이다.

5년 전 허리도 제대로 펼 수 없었던 회원은 운 좋게 좋은 트레이너를 만났다. 그 덕분에 강인한 체력을 얻어 이제 다음 스텝을 준비하려 한다.

회원과 트레이너는 각자 다른 길을 가고 있지만, 치유과 회복을 향한 길 위에서만큼은 트레이너와 회원이 함께 만들어가는 협력의 과정이다.

5년 동안 회원인 내가 누렸던 가장 큰 혜택은 회원의 짐을 나눠지고 지구별 여행을 함께 하는 트레이너를 만났다는 사실이다. 돈을 주고받는 관계라는 1차원적 해석으로는 설명할 수 없는 놀라운 선물 같은 시간이었다. 5년 동안 한결같은 트레이너의 응원을 받아 이제 회원은 놀랍게 튼튼해졌다. 홀로서기를 앞두고 이젠 회원이 트레이너에게 격렬한 응원의 박수를 보내려 한다.

참고도서

1. 한근태, 『몸이 먼저다』, 미래의창, 2014
2. 한근태, 『고수의 몸 이야기』, 미래의 창, 2020
3. 최민영, 『아무튼 발레』, 위고, 2018
4. 장보영, 『아무튼 산』, 코난북스, 2020
5. 손화신, 『쓸수록 나는 내가 된다』, 다산초당, 2021
6. 김상민, 『아무튼 달리기』, 위고, 2020
7. 류은숙, 『아무튼 피트니스』, 코난북스, 2017
8. 김도희 외 2명, 『요즘 언니들의 갱년기』, 일일호일, 2021
9. 유기, 『여성전용헬스장 진달래짐』, 문학동네, 2022
10. 최윤미, 『마흔부터 인생은 체력입니다』, 그로우웨일, 2025
11. 헬스플랜컴퍼니연구진, 『바디프로필 실전 경험 노하우』, 헬스플랜컴퍼니, 2022
12. 마녀체력, 『미리쉼표 슬슬노후대책』, 남해의봄날, 2024
13. 수피, 『헬스의 정석』, 한문화, 2014
14. 조너선 라이스먼, 『삶은 몸 안에 있다』, 김영사, 2023
15. 켈리 맥고니걸, 『움직임의 힘』, 안드로메디안, 2020
16. 다니엘 페나크, 『몸의 일기』, 문학과 지성사, 2015
17. 박유미, 『힘든 하루였으니까 이완 연습』, 휴머니스트, 2020

18. 박은지, 『다이어트보다 근력 운동』, 동양북스, 2021

19. 정희원, 『느리게 나이 드는 습관』, 한빛라이프, 2023

20. 석정현, 『석가의 해부학 노트』, 성안당, 2017

21. 이양지, 『닭가슴살 요리 60』, 리스컴, 2011

22. 이종민, 『자세가 잘못 됐습니다』, 페이스메이커, 2023

23. 에디 스턴, 『요가의 힘』, 침묵의 향기, 2021

24. 마인드짐 센터, 『마인드짐』, 지식나무, 2006

25. 장은주, 『언니 걷기부터 해요』, 유노북스, 2021

26. 마녀체력, 『걷기의 말들』, 유유, 2022

27. 전용관, 『옥시토신 이야기』, 피톤치드, 2024

28. 하정우, 『걷는 사람 하정우』, 문학동네, 2018

29. 최중기, 『척추를 바로잡아야 건강이 보인다』, 바른몸만들기, 2007

30. 데니얼 코일, 『탤런트 코드』, 웅진지식하우스, 2009

31. 박은지, 『여자는 체력』, 메멘토, 2019

32. 정김경숙, 『계속 가봅시다 남는 게 체력인데』, 웅진지식하우스, 2022

33. 나츠시마 다카시, 『피곤해지지 않는 올바른 자세도감 100』, 즐거운상상, 2022

34. 이정연, 『근육이 튼튼한 여자가 되고 싶어』, 웅진지식하우스, 2020

35. 최수희, 『마흔 체력이 능력』, 빌리버튼, 2022

36. 박상아, 『아무튼 요가』, 위고, 2019

37. 무라카미 하루키, 『달리기를 말할 때 내가 하고 싶은 이야기』, 문학사상, 2009

38. 박현희, 『오늘부터 나를 돌보기로 했습니다』, 뜨인돌, 2021

39. 신경숙, 『요가 다녀왔습니다』, 달, 2022

40. 마이뜨리, 『생에 한 번쯤은 요가』, 디이니셔티브, 2021

41. 이아림, 『요가 매트만큼의 세계』, 북라이프, 2018

42. 이영미, 『마녀체력』, 남해의봄날, 2018

43. 박민진, 『운동의 참맛』, 알에이치코리아, 2023

44. 박홍균, 『어차피 운동하라고 해도 안할 너에게』, 이비락, 2024

45. 최혜미, 『서른다섯, 내 몸부터 챙깁시다』, 푸른숲, 2019

46. 안상헌, 『어느 독서광의 생산적 책읽기 50』, 북포스, 2005

47. 서아름, 『느려도 좋아, 한 걸음이면 충분해』, 비타북스, 2024

48. 미하이 칙센트미하이, 『몰입의 즐거움』, 해냄, 2007

49. 장성호, 『끌리는 트레이너의 스피치』, 나비의활주로, 2022

50. 고영성, 『완벽한 공부법』, 로크미디어, 2017

"오늘부터 운동을 한다고 생각하지 말고,

새로운 삶을 산다고 생각해야 해.

너의 삶에 운동이 추가된 게 아니고

삶이 변하는 거야."

- GYM종국

도서출판 이비컴의 실용서 브랜드 **이비락**㈜은 더불어 사는 삶에 긍정의 변화를 줄 유익한 책을 만들기 위해 노력합니다.

원고 및 기획안 문의 : bookbee@naver.com